# Vida Exponencial

*Ative seu Potencial Exponencial
para Grandes Realizações*

MARISTELA MELLO

2ª Edição

São Paulo
2017

**Vida Exponencial**
**Ative seu Potencial Exponencial**
**para Grandes Realizações**
*de Maristela Mello*

**Editor**
*Eldes Saullo*

**Projeto Gráfico e Editorial**
*Casa do Escritor*

---

Vida Exponencial - Ative seu Potencial Exponencial para Grandes Realizações - 2ª Edição

ISBN-13: 978-1720269595

Maristela Mello – São Paulo: 2018

1. Autoajuda 2. Desenvolvimento Pessoal 3. Sucesso  I - Título

Reservados todos os direitos. Nenhuma parte desta obra poderá ser reproduzida por fotocópia, microfilme, processo fotomecânico ou eletrônico sem permissão expressa da autora.

# Sumário

**INTRODUÇÃO** ..................................................................3
**PARTE I - A DISRUPÇÃO DA VIDA LINEAR** ......................25
    Falta de Consciência ...................................................26
    O despertar da consciência .........................................29
    Mudança de percepção da realidade ..........................34
**PARTE II - O SURGIMENTO DA VIDA EXPONENCIAL** ......43
    Os 7 Estágios da Vida Exponencial..............................44
    A Inovação do Ser Acelerando a Evolução .................78
    Ativação do Potencial Exponencial..............................92
**PARTE III – PROJETO DE VIDA COM PROPÓSITO** .........111
    Missão Possível ........................................................112
    As Estações da Vida.................................................120
    Por que a vida vale a pena ser vivida? ......................123
**PARTE IV – AUTOMAESTRIA, VOCÊ NO COMANDO** .....135
    A Fundação para a Automaestria ..............................136
    *Mindset,* a Mentalidade Exponencial ........................152
**PARTE V – JORNADA EXPONENCIAL** ............................159
    Você Exponencial .....................................................160
    Relacionamentos Exponenciais.................................171
    Profissão e Prosperidade ..........................................177
    Biohacking, seu Corpo & Mente no "Estado da Arte" ...186
    *Lifestyle,* os Rituais Exponenciais ............................202
    Altruísmo Sustentável ...............................................209

## CONSIDERAÇÕES FINAIS ...... 219
### O Futuro é Exponencial ...... 220
### Habilidades do Futuro ...... 232
### E o que vem depois? ...... 238
### Próximos Passos ...... 240

**Dedico este livro**

A todas as pessoas que Deus colocou na minha vida.
Em especial à minha mãe, ao meu pai in memoriam,
às minhas irmãs e sobrinhos, ao Marcelo, Sol, Vivi, Da. Evany e
aos outros anjos, em forma de seres humanos,
que surgiram na minha caminhada.

Desejo que este livro abra as portas para você
revolucionar a sua forma de viver, evoluir e vencer,
se colocando em movimento para tornar a sua Vida Exponencial.

# Agradecimentos

Sou profundamente grata a todas as pessoas que passaram pela minha vida. De uma forma ou de outra, todos me trouxeram os aprendizados e experiências para me tornar quem eu sou hoje.

Devo um agradecimento infinito à toda a minha família abençoada, por me inspirarem e me apoiarem a seguir em frente sempre. Ao meu querido pai, in memoriam. Já faz mais de cinco anos que não está conosco e sinto muito sua falta. Carrego o lema e sua lembrança até hoje: "Seja feliz hoje! Se lembre de como eu sou feliz!". Foi assim que aprendi que esse é o melhor estado de espírito para se viver a vida. À minha querida mãe e irmãs por terem me ensinado o poder da gratidão, e aos meus grandes amores João Pedro, meu afilhado e Maria Fernanda, minha sobrinha.

Ao meu querido e amado Marcelo. Obrigada pelos conselhos, inspirações e apoio. Você sempre acreditou em mim, sem hesitação. Sua motivação e entusiasmo me deram mais forças para realizar meu sonho. Sou e serei eternamente grata por tudo, e mais ainda pela sua presença na minha vida.

Ao João, Marcos, Bruno e a toda a equipe, que estão comigo desde o início. Vocês me permitem o privilégio de compartilhar meu trabalho sobre alta performance, felicidade, futurismo e evolução humana com tantas pessoas, e dedico um agradecimento especial a cada um de vocês.

Quero agradecer pelo magnífico trabalho do meu consultor editorial Eldes Saullo, foi um grande prazer trabalhar com você.

Agradeço alguns anjos em forma de seres humanos, que me ajudaram em momentos importantes até a conclusão deste projeto. Meus sinceros agradecimentos: Cris Matsuoka, S. Piero, Leonard, Edson Moraes, Solange Martins, Viviane Duarte, Da.

Evany Duarte, Thiago Brizola e a equipe do Programa Viva Melhor da Rádio Mundial.

Agradeço à maestria disruptiva dos grandes mentores e gigantes internacionais, que continuam inspirando grande parte do meu trabalho, em especial Anthony Robbins, Oprah Winfrey, Robin Sharma, Brendon Burchard e Marie Forleo.

Agradeço acima de tudo a Deus, que tem me inspirado a cada dia, com novas ideias, intuições e seu amor incondicional e infinito. Eu estou em comunhão com Deus, e Deus é tudo!

E esse é só o começo!

# Prefácio

Conheci a Maristela no Mercado financeiro. Ela, executiva de uma empresa de renome internacional, e eu, um executivo de banco.

Após sua troca de emprego, ficamos alguns anos sem contato, cada um seguiu o seu caminho. Ela passou por grandes empresas, eu fundei um grupo de empresas com uma cultura muito forte, focada em saúde, felicidade e propósito!

Até que, anos mais tarde, o propósito de mudar o mundo nos aproximou novamente.

Agora não mais a "Executiva" Maristela, mas a "Inspiradora" Mari, a mesma pessoa, que de forma sábia, transformou anos de experiência e estudo em conhecimento e legado!

Vida Exponencial é um livro super prático que você pode simplesmente ler, mas fortemente recomendo que vá além e vivencie os exercícios, reflita as perguntas e crie novos hábitos!

E quem deve ler esse livro? Respondo essa pergunta com outra, a partir de um conceito da Vida Exponencial:

Você acredita que a sua inteligência é estática e inata?

Se respondeu SIM, você precisa ler esse livro urgentemente para questionar as suas crenças e destravar os seus limites.

Se respondeu NÃO, ótimo, você já possui uma mindset (mentalidade) de crescimento. Entre de coração aberto saboreando as lições de desenvolvimento pessoal e profissional que irá encontrar.

Segundo Charles Darwin, "os homens não diferem muito em intelecto, apenas em empenho e trabalho duro".

Diversos estudos chegam a uma mesma conclusão: pessoas de sucesso são exemplos de garra. Nós supervalorizamos o talento, enquanto deveríamos valorizar o empenho e a vontade de sempre aprender.

Ayrton Senna foi um fiasco em sua primeira prova de kart na chuva. A partir de então, passou a treinar exaustivamente quando chovia. O primeiro estúdio que Walt Disney criou faliu, assim como Bill Gates e Paul Allen, que antes de fundarem a Microsoft, criaram o fracassado Traf-O-Data.

Quando chamamos alguém de genial, entregamos à outra pessoa uma aura especial, tipo de outro planeta. Mas já pensou que isso pode ser apenas uma desculpa limitante? Já pensou que você pode ser o que os outros chamam de genial?

Os gênios são pessoas normais que se esforçaram muito, muito mesmo, e é isso que os diferencia.

Mas não se trata apenas da quantidade de tempo para o aperfeiçoamento. Mas sim de qualidade do tempo. A chamada "prática disciplinada", que é o ciclo de execução, com repetição, reflexão e aprimoramento.

Para John Wooden, um dos maiores técnicos da história do basquete americano, sucesso é a paz de espírito proveniente da consciência de que você fez o maior esforço possível para se tornar o melhor dentro do seu potencial.

Como bem disse Eleanor Roosevelt, "o futuro depende da beleza dos seus sonhos".

Desejo que sua caminhada seja muito feliz, cheia de aprendizados e com lindos sonhos!

Boa leitura e **SEJA EXPONENCIAL!**

**João Paulo Pacifico**
*Fundador do Grupo Gaia, Linkedin Top Voice*
*e Autor do livro Onda Azul.*

# INTRODUÇÃO

Eu acredito no potencial exponencial que vive em todo ser humano e na capacidade que temos de contribuir e realizar coisas grandiosas.

Eu escrevi este livro para trazer uma maior consciência coletiva sobre a forma como temos vivido a vida, uma forma linear, que é repleta de limitações, restrições e condicionamentos que muitas vezes não fazem sentido.

Trago uma nova forma de pensar, expandindo a percepção da realidade e do incrível potencial das possibilidades infinitas e exponenciais disponíveis para todos.

Oportunidades pouco desbravadas, porém, com grandes chances de recompensas e realizações para quem já disse um "basta" para o que não faz sentido, a vida limitada e linear, e decidiu que está na hora de ir para o seu próximo nível, a vida exponencial, iniciando uma jornada de evolução consciente e com grandes realizações.

A nossa grande singularidade é termos potenciais únicos, infinitos e exponenciais.

Potencial único, porque cada um de nós tem habilidades, talentos e dons únicos.

Potencial infinito, porque podemos agregar potenciais de tudo o que nos cerca, como a nossa história de vida, e contextos socioeconômicos, culturais e religiosos, e indo além.

Potencial exponencial, porque podemos desenvolvê-los de maneira consciente e contínua, o que nos permite sermos um dia grandes mestres em qualquer assunto ou habilidade, se esta for a nossa intenção.

## A urgência e a consciência

O mundo está se tornando exponencial. As tecnologias exponenciais tornaram reais muitas coisas que até alguns anos atrás eram consideradas impossíveis, ou muito demoradas.

O mundo linear é limitado, o futuro é o mundo exponencial, e ainda não sabemos qual é o novo limite.

Este é um reflexo do movimento que estamos vivendo coletivamente: estamos saindo de um processo de evolução inconsciente, no qual simplesmente reagimos sem consciência e sem controle, para um processo de evolução com consciência, alimentado pelas nossas escolhas.

Estamos nos tornando criadores das nossas realidades e das nossas vidas, impulsionados pela expansão de consciência. Estamos tendo a oportunidade de nos engajarmos na criação de um futuro exponencial, para nós e toda a humanidade.

Esta evolução com consciência exige uma expansão da percepção da nossa realidade e, com isso, das nossas possibilidades.

Estamos nos movendo, indo além das nossas necessidades mais imediatas, em direção ao bem maior de toda a humanidade, construindo um legado para as futuras gerações.

O ser humano está se tornando exponencial. Os potenciais super-humanos estão cada vez mais sendo estudados pela ciência. *Biohacking*, biotecnologia e outras inovações estão crescendo exponencialmente, potencializadas pelas pesquisas científicas.

Já está mais do que comprovado que, através de técnicas, práticas e ferramentas, qualquer pessoa comum pode ter o seu potencial exponencial ativado. De forma consciente e direcionada para o seu objetivo e interesse pessoal.

Como resultado, a vida está se tornando exponencial. Com as mudanças do mundo e do ser humano, a vida já não tem sido a mesma.

Uma minoria já percebeu essa transformação na forma de se viver, mais consciente e direcionada à autorrealização e essas pessoas estão vivendo a vida exponencial, que é o tema deste livro.

A vida exponencial é sobre uma nova maneira de viver, evoluir e vencer, sem limites.

## Um novo patamar de vida sem limites

E tudo começa com o questionamento: "O que é impossível?".

A resposta para a maioria das pessoas terá uma perspectiva limitada, vendo as possibilidades do que é possível, muito restritivo e limitado. Como se a vida fosse "isso mesmo", porque a vida é assim para todo mundo. E este é o grande X da questão.

Durante milhares de anos temos sido condicionados a ter uma visão única do que "é possível" e um modelo de vida que "devemos" ter e viver.

A vida está padronizada para a maioria das pessoas porque muitas das coisas que fazemos estão atreladas a padrões e condicionamentos que recebemos por gerações, dos nossos pais, professores, mentores e até a nível coletivo, através da educação ou religião.

Os padrões recebidos das pessoas que amamos são os mais difíceis de romper, por uma única razão: nunca paramos para questionar se o que eles nos ensinam faz sentido ou não, simplesmente aceitamos que "é como é", afinal, precisamos ser obedientes...

Vale lembrar que ser rebelde é o mesmo que ser uma "ovelha negra", e a necessidade de pertencimento, principalmente dentro do contexto familiar, é uma das principais necessidades humanas.

Refletindo um pouco mais, percebemos que o padrão de educação que recebemos é o mesmo há pelo menos 150 anos...

Aí eu te pergunto: você acha que faz sentido estudar da mesma forma que os seus bisavós ou tataravós estudaram? Por que será que esse modelo está estagnado? Trata-se de um modelo ultrapassado, vencido.

O bom é que muitos também perceberam que isso não faz sentido e já começamos a perceber algumas pequenas mudanças e o surgimento de novos modelos educacionais, que deverão também crescer exponencialmente em breve.

Na questão religiosa, por muitos séculos fomos ensinados que quem pratica o pecado é punido. À parte as considerações de ordem existenciais, o ponto principal é que isso na verdade é a base de uma consciência arraigada no medo.

A limitação dessa consciência é que pessoas que vivem tendo o medo como padrão de vida, ou seja, por viverem dentro desse sentimento e vibração, não conseguem evoluir.

O que eu sempre me questiono é por que não somos estimulados a fazer o que amamos, a evoluir como pessoas, inclusive a perceber a nossa maestria e divindade, e buscarmos a convivência baseada no amor, ao invés do medo?

E por que continuamos seguindo todos esses modelos sem questionar?

Infelizmente isso acontece porque toda a nossa educação - familiar, escolar, religiosa - tem nos condicionado a sermos obedientes.

Obedecer para termos um pouco mais de amor dos nossos pais, obedecer para sermos melhor vistos pelos nossos professores, obedecer para podermos pertencer ao grupo em que convivemos e, com isso, vamos destruindo a nossa conexão com a nossa essência.

Passamos a nos conectar com o que está fora de nós. E isso impacta todo o nosso pensar, falar, sentir e agir. A frustração, a insatisfação e os arrependimentos da vida vêm disso, da nossa impotência em irmos contra esses padrões, porque isso implica em irmos contra as pessoas que mais amamos.

Esse é o grande conflito que a maioria das pessoas não quer enfrentar. Em grande parte, pela falta da consciência e da conexão consigo mesmas.

É possível perceber que têm alguma coisa que não está certa, mas fazer diferente demanda muita coragem e confiança. E essas são qualidades que não fomos estimulados a desenvolver. Com isso, fica mais fácil lidar com o sofrimento, a insatisfação e a pequenez, afinal, esse foi o condicionamento que recebemos.

Os que percebem essa incoerência, e a pequenez em aceitar esses padrões como certos, obedecendo sem questionar, tornam-se rebeldes, inconformados ou loucos.

Steve Jobs já disse: "As pessoas que são loucas o suficiente para acreditar que podem mudar o mundo são as que mudam!". E eu acredito que isso acontece porque elas se conectam com a sua verdade interior, e essa verdade ninguém consegue destruir ou influenciar, porque essa verdade nos dá força, confiança e poder.

Eu sei que a proposta do conceito de "vida exponencial" será considerada por muitos uma loucura, mas é essa loucura que me faz acreditar que eu posso, sim, mudar o mundo.

Os rebeldes, loucos e visionários são os grandes criadores de tudo o que nos cerca, mas principalmente, criadores da sua própria vida. São os que vivem a vida exponencial, uma vida com propósito, impactando positivamente pessoas, que prezam o altruísmo exponencial e sustentável, isso porque são os que estão no comando das suas vidas.

Ser visionário e viver no mundo exponencial é uma escolha. Para os que querem viver uma vida nos seus termos, fazendo as coisas que gostam de fazer, convivendo com pessoas com quem gostam de conversar e se relacionar, ganhar dinheiro trabalhando com o que amam, cuidar do seu corpo e mente, evoluir e contribuir para o bem maior de todos.

## O potencial humano exponencial

Ao longo do caminho, muitos recordes têm sido quebrados. Recordes que inicialmente eram impossíveis de serem ultrapassados, até ficarem para trás.

Os limites humanos estão sendo ultrapassados todos os dias, e agora a ciência, a tecnologia, a farmacologia e a psicologia estão mostrando que existem técnicas e ferramentas adicionais, para que pessoas comuns possam também ativar o seu potencial super-humano, o potencial exponencial.

Ativar o seu potencial exponencial também está se tornando uma escolha possível. Técnicas auxiliares, como o *flow* transcendental e o *biohacking*, estão ganhando cada vez mais adeptos ao redor do mundo.

Primeiro, pela praticidade de fazer a sua própria autoexperimentação. O conceito de *"do it yourself"*, o "faça você mesmo", usado no *biohacking*, juntamente com a responsabilidade de fazer a autorrealização, é o que mais tem atraído os usuários das práticas. E existe um fundamento por trás disso, afinal, quem conhece melhor o seu corpo e a sua mente? Cada um sabe melhor o que funciona e o que não funciona para si mesmo.

Estar no comando da própria vida é sobre assumir a responsabilidade por tudo, inclusive pelo cuidado do seu corpo, por exemplo. O *biohacking* surgiu apresentando um novo conceito de como fazer isso. Você se torna um autodidata, fazendo as suas autoexperimentações, com base nos conhecimentos pessoais, histórico e estudos científicos disponíveis. Existem muitos estudos disponíveis na internet hoje em dia, algo que era inimaginável 10 anos atrás.

Neste contexto, os médicos passam a ter um papel secundário, com foco em conduzir tratamentos, já que grande parte do entendimento da sua fisiologia precisa ser de conhecimento da pessoa que está se propondo a ser um *biohacker*. Porém, o acompanhamento médico ainda é necessário para esclarecer dúvidas, trazer melhores práticas e orientar possíveis melhorias.

O grande diferencial em ser um *biohacker* está na sua atitude, seu posicionamento, enfim, no seu empoderamento em relação ao relacionamento de médico e paciente. Ele não entra em uma consulta em um "papel inferior", assumindo que o médico sabe mais do que ele.

A atitude do *biohacker* é empoderada, porque ele sabe melhor como o seu corpo funciona, e o que não funciona, e tem os elementos para debater com o médico, praticamente de igual para igual. E em todo contato com o médico, ele estuda e se prepara, vai agregando e aprendendo o que serve ou não a ele, e pesquisa os temas e as informações relevantes para aprofundar e masterizar.

Isso é diferente do que a maioria das pessoas faz quando vai ao médico. A maioria recebe a orientação sem questionar, aceita o que vier, e nem sempre o diagnóstico é o correto.

Por que será que a maioria das pessoas se acha pior até do que profissionais incompetentes? Simplesmente, porque fomos condicionados a obedecer, sem questionar.

E com isso muitos recebem e aceitam coisas que não são boas, aprendem a tolerar o mediano e, muitas vezes, até mesmo o medíocre.

Os rebeldes, visionários e *biohackers* fazem diferente, eles assumem a responsabilidade e escolhas, partem para a ação, e fazem tudo com consciência e entendimento do que realmente é importante para si mesmos. Eles já estão vivendo a vida exponencial, uma vida onde a automaestria é o que impera.

O poder pessoal está em si mesmo e não nos outros. E esse poder está além do comando do seu corpo, está também no comando da sua vida. Eles sabem da importância de questionar o status quo, os padrões recebidos, os condicionamentos, principalmente quando percebem incoerências em tudo o que normalmente acontece, ao mesmo tempo achando que não faz sentido.

A razão de tudo isso acontecer é porque os rebeldes, visionários e *biohackers* desenvolvem, naturalmente ou não, a sua expansão da consciência e, com isso, expandem a sua percepção de realidade. Com a clareza de que a verdade não está no mundo exterior, e sim no seu próprio mundo interior. Não procuram respostas, ajuda ou consolo nos outros.

Eles sabem que a única forma de ser verdadeiramente feliz é ouvir a sua essência e seguir a intuição e o coração. Eles de alguma forma já sabem o que os faz felizes.

Assim, estar no comando da sua vida é uma escolha para quem quer viver o seu projeto de vida com propósito, com significado e realizações.

Desenvolver a automaestria se torna a escolha e o melhor caminho para viver uma jornada de evolução consciente e direcionada para o que realmente é importante para si mesmo. Infelizmente, isso ainda é para poucos, já que a maioria sofre e, por falta de consciência, permanece no medo e na estagnação.

## O medo do poder pessoal

Para entender a questão da limitação autoimposta e do vitimismo, precisamos entender o grande dilema: o medo do poder ou o poder do medo.

O medo é o grande elemento que distingue quem vive a vida linear de quem vive a vida exponencial, por isso, o grande abismo entre esses estilos de vida. O medo traz limitações, restrições, podendo até paralisar. E esse padrão é algo que foi incorporado a nós, é do ambiente externo, e com ele vem a falta do poder pessoal, falta de confiança e coragem.

O medo é o que traz o complexo de inferioridade, é quando a pessoa coloca o poder na mão dos outros, quando uma parte procura a outra parte para pedir ajuda, orientação, salvação, porque se sente incapaz, e espera que o outro cuide dela, a ajude, a oriente e a salve.

Não percebem que já possuem tudo o que precisam para se cuidar, se ajudar, se orientar e se salvar. Não percebem que estão sem consciência, de quem são, do que querem e por que escolheram seguir este caminho e estilo de vida.

Sem perceberem, deixaram o seu poder pessoal na mão de outras pessoas e não conseguem sair do círculo vicioso do drama, quer sejam a vítima, o acusador ou o salvador.

O vitimismo leva a pessoa acreditar que nunca teve poder pessoal, já que se sente incapaz de mudar qualquer coisa da sua vida e espera, e continua esperando que alguém venha ajudá-la, socorrê-la ou salvá-la. Ela não percebe que precisa assumir a sua autorresponsabilidade para transformar a sua própria vida.

Já o acusador, é aquele que critica o tempo todo o que está errado, encontrou na crítica uma forma equivocada de tentar ajudar o outro, mas tampouco faz o que é necessário pela sua própria vida. Perceber que a vida do outro é escolha do outro, inclusive os erros, é ter a consciência de que se tornar um exemplo é a melhor forma de assumir o seu poder pessoal, para poder inspirar a transformação no outro.

O salvador é tão comum quando a vítima ou o acusador. Querer ajudar, e salvar o outro do contexto de vida em que se meteu, é o que muitas pessoas fazem. Quantas vezes você já ouviu alguém querendo ajudar uma pessoa, sem ter sequer condições de resolver os seus próprios problemas? E querendo ajudar alguém que não quer ser ajudado? O salvador também tem dificuldade de olhar para si mesmo e encontrar o seu poder pessoal, por isso busca ajudar os outros, para desviar a atenção do que realmente importa. O salvador está buscando um aumento de autoestima e está com medo de olhar de frente para o seu próprio contexto de vida.

Nos três casos podemos perceber que falta o poder pessoal para fazer acontecer. Imagine um barco afundando. A vítima acha que não há nada que possa fazer; o acusador fala do problema, mas também não faz nada para mudar; já o salvador fica tentando salvar todo mundo e, com isso, não consegue nem ao menos se salvar. Esses são os contextos figurados da vida linear.

Vítimas, acusadores ou salvadores são perfis completamente diferentes de um contexto em que todos assumem as suas responsabilidades e a pessoa que tem a maior habilidade em uma área específica é a que conduz todos os outros. Essa é a perspectiva dentro do contexto coletivo, no qual as atividades são feitas para o bem maior de todos.

Neste momento, não existe o ego, não existe o esforço, não existe a noção do tempo. Esse é o *flow* transcendental, uma das práticas para ativação de forma consciente do poder pessoal, que todo mundo tem.

A clareza do que é importante para a sua vida, adquirida através do seu autoconhecimento, é, portanto, a base para assumir o seu poder pessoal. Ao cuidar de si, a pessoa reforça ainda mais esse poder, colocando-se como sua prioridade número 1, juntamente com a prática do altruísmo sustentável, que está ancorado na lei do equilíbrio de troca.

A autoconsciência, sendo expandida, traz a necessidade de assumir o seu poder pessoal. Essa é uma etapa importante e necessária da jornada de evolução consciente porque é a que te prepara para ir para o seu próximo nível: a autorrealização com a prática do altruísmo sustentável.

## O foco na autorrealização

O contrário do medo é o amor. O cuidar de si mesmo é um respeito à sua existência e o poder pessoal é a consciência da autovalorização. Ninguém é vítima, a menos que dê o seu poder pessoal a outra pessoa, com ou sem consciência.

Na vida exponencial, o poder pessoal é valorizado, respeitado e cultivado. Porque assumir o poder pessoal é assumir a sua força, para se tornar quem você veio para ser.

O poder pessoal é o que te ajuda a:

- Ver o que realmente tem de valor na vida;
- Selecionar as informações que enriquecem a sua vida;
- Ser integrado com a sua essência e verdade interior; e
- Ter coragem e confiança para seguir no seu caminho, único, só seu.

O verdadeiro poder pessoal é conquistado ao desenvolver, por você mesmo, amor e aceitação. É o que você precisa para tornar o seu sonho e propósito em realidade, por isso é algo tão importante e tão valorizado na vida exponencial, é a força impulsionadora da sua evolução.

No começo da jornada da evolução consciente, vários elementos de auto-amor e autoaceitação precisam ser integrados, já que o estrago dos condicionamentos deixa marcas. Mas, depois que as primeiras camadas de integração foram feitas, e o poder pessoal foi conquistado, o ser humano começa a se inovar de forma consciente, e mais acelerada.

A evolução se torna exponencial, junto com a ativação de todos os seus potenciais exponenciais. E a vida exponencial reflete tudo isso.

Na vida linear, as coisas acontecem de maneira diferente. Não existe essa consciência e, portanto, tudo fica longe do verdadeiro poder pessoal. Quem vive esse estilo de vida não está no comando da sua trajetória em nenhum momento, mesmo pensando que está.

Se você quiser saber se uma pessoa está vivendo uma vida linear ou exponencial, é só perguntar: qual é a sua grande meta na vida?

A vida exponencial tem um propósito, uma intenção, e ações direcionadas para o que realmente é importante na vida. Ao passo que, na vida linear, as pessoas fazem as diversas coisas do dia a dia, sempre estão ocupadas e não têm uma clareza do que realmente é a sua grande meta de vida.

A maioria das pessoas está vivendo a vida linear e não possui uma meta de vida, "aquela coisa" que realmente quer e é importante.

Para saber o que é importante para você, é preciso se conhecer, mergulhar no seu desenvolvimento pessoal para encontrar a clareza do que te move e do que te motiva. Infelizmente muitas pessoas estão tão inseridas em contextos considerados urgentes do dia a dia, sempre atoladas, sem nunca pensar parar para refletir o que realmente é importante para si mesmo.

Na vida exponencial, as pessoas vivem o seu projeto de vida com propósito, vivem para tornar realidade o seu sonho. Na vida linear, as pessoas vivem o projeto de vida comum e, portanto, vivem para ajudar os outros a realizarem os sonhos deles.

As pessoas que estão vivendo a vida linear procrastinam e não sabem que estão procrastinando. Também não sabem o que querem, estão sempre ocupadas e nunca têm tempo, não têm uma meta de vida de longo prazo, a não ser a meta padrão dos condicionamentos como, por exemplo, a meta de "juntar o dinheiro para a aposentadoria".

Dentro das suas rotinas, sempre estão apagando incêndio. Não têm clareza das coisas mais importantes para a sua vida, e os seus aprendizados são direcionados a objetivos pontuais, sem estarem alinhados com o seu projeto de vida pessoal.

Os reflexos também se estendem aos relacionamentos, tanto pessoais como profissionais. Toleram relacionamentos depreciativos e tóxicos, afinal, o medo de ficar sozinho ou o medo de ser despedido faz com que aceitem coisas negativas. Vibram no medo e na escassez.

As pessoas que estão vivendo a vida exponencial têm uma grande motivação para fazer tudo o que fazem, se conhecem e sabem o que realmente é importante para elas.

Planejam a sua vida, têm metas e vão para a ação com a clareza dos resultados que querem alcançar, o "algo maior" do que eles mesmos.

Conhecem a sua paixão, já a transformaram no seu grande projeto de vida com propósito, e estão construindo o seu legado para deixar um impacto no mundo, através do altruísmo sustentável.

Sabem que cuidar de si não é egoísmo, é prezar pela própria existência e, com essa visão expandida do seu papel no mundo, praticam o altruísmo sustentável.

Constroem relacionamentos que geram e agregam valor, os relacionamentos exponenciais, nos quais um ajuda o outro a ir para o seu próximo nível de evolução, se tornando melhores a cada dia, e fazem isso por escolha, não por obrigação.

Escolhem as pessoas com quem querem conviver, porque sabem que são um reflexo direto delas em relação aos padrões de comportamentos, atitudes, ambições, visão de mundo e expectativas.

*"Somos a média das cinco pessoas com que mais convivemos."*
*Jim Rohn*

Escolhem os seus rituais diários, pois sabem que o que fazemos todos os dias são as coisas que tornam possível o que desejamos.

Um passo, todos os dias, em direção ao que é importante, ao que trará a grande realização.

Os rituais são a base de qualquer estilo de vida, inclusive a exponencial, por isso, escolhem as atividades que irão ajudá-los a conquistar a meta maior que traçaram.

Entendem que uma prática como a meditação ou o *flow* transcendental pode impactar todas as áreas da sua vida. Adotam essas práticas como estilo de vida, no seu dia a dia, pois sabem que reforçar gratidão, motivação e amor é fortalecer a sua essência e a fundação do verdadeiro poder pessoal. E esse poder pessoal é refletido em todos os pilares da sua vida.

O que, aliás, é outra diferença entre os estilos de vida linear e exponencial.

Na vida linear, a felicidade geralmente está ancorada em um único pilar. Já na vida exponencial, a felicidade é algo *hackeável* e, portanto, é inserida como rituais que são cultivados no dia a dia. O foco não é na felicidade, já que a felicidade faz parte do seu dia a dia. O foco está na autorrealização, na grande meta de vida e em todas as áreas da vida.

A consciência te permite viver a autorrealização de forma plena, já que podemos *hackear*, planejar e masterizar a nossa realização com base na vida que queremos criar. Os sonhos e o propósito são as maiores inspirações para construir uma vida exponencial e criar uma vida que seja uma verdadeira obra-prima.


## Você no comando

A conexão com o seu mundo interior se estabelece, quando você expande a sua consciência e aprende a ouvir a sua essência, o seu coração.

A clareza sobre vários assuntos começa a se expandir, clareza sobre quem você é, sobre o que é realmente importante para você, a sua grande motivação, seu grande propósito, o algo maior, que vale a pena ser vivido, o impacto, o altruísmo sendo conduzido ao seu nível mais elevado, sustentável e exponencial.

Os reflexos surgem em todas as áreas da sua vida: relacionamentos diferenciados, que agregam e geram valor, o impulso se expande, tanto no âmbito individual como no coletivo, te levando ao seu próximo nível. O mesmo vale na profissão, com propósito, significado, e os reflexos surgem na performance e produtividade, gerando resultados exponenciais, inclusive financeiros.

O alinhamento de corpo e mente é conquistado através dos cuidados, sendo ambos alimentados e nutridos com intenção clara e autodisciplina.

O foco é o novo, a NOVA VIDA, esquecendo o velho e antigo, que já não serve mais. Existe, porém, uma armadilha ou obstáculo a ser ultrapassado.

Muitos com quem se convive estarão em outro contexto de vida, sem consciência e sem a conexão com o mundo interior. Estarão ainda no contexto de estarem delegando, sem perceber, o comando das suas vidas para outras pessoas.

Manter-se na sua jornada consciente, sem querer forçar que o outro mude para te acompanhar, é o desafio da caminhada. As pessoas não mudam porque você quer, elas só mudam porque elas querem. Uma excelente forma de ajudar é sendo um exemplo a ser seguido, uma inspiração. Outra maneira de ajudar é estar disponível quando o outro pedir orientação ou ajuda.

Segurar o impulso de levar o máximo de pessoas para o seu próximo nível é um grande exercício de automaestria.

Muitas vezes vemos pessoas que estão insatisfeitas com as suas vidas, mas, ao mesmo tempo, sem nenhum interesse em mudar esse contexto.

Somente quando a inquietação, a frustração e a exaustão do contexto de vida chegarem ao limite, e a pessoa então perceber que o caminho começa pelo autoconhecimento, é que ela dará o primeiro passo.

Neste momento, tudo muda. É dado o primeiro passo para responder uma pergunta muito simples, e muito profunda: "Quem eu sou?". A partir do momento que você decide encontrar essa resposta, você está realizando o primeiro ato para viver a vida que realmente quer: uma vida consciente e sem arrependimentos.

Ao escolher a jornada da autoconsciência, você consegue dar à sua vida um significado maior, quer seja a busca de um propósito, a construção de um legado, impactando pessoas ou, simplesmente, se sentindo mais realizado.

Nessa jornada de evolução consciente, você vai se tornar o seu próprio mestre, e é exatamente a automaestria que vai te levar para a abundância, que é a base de integração entre seu mundo interior e o exterior.

Desenvolver a automaestria é desenvolver o seu verdadeiro poder pessoal. Sei que esse tema, o poder, assusta muitas pessoas.

Aprendemos que poder é ruim, que poder corrompe, que poder traz arrogância, que poder tem a ver com dinheiro sujo. E, falando em dinheiro, também aprendemos que dinheiro é ruim, que dinheiro não nasce em árvore, que somente alguns são os escolhidos ou tiveram sorte.

Isso faz com que muitas pessoas não queiram ser os mestres e criadores da sua vida. Elas acreditam que, de alguma forma, vão se tornar pessoas ruins. Esse é o famoso medo do sucesso.

Só que muitos desses condicionamentos que recebemos, e colocamos nas nossas vidas como os padrões que precisamos seguir, nós não escolhemos.

Infelizmente, ainda é somente uma minoria que consegue perceber que podemos mudar esses padrões. Isso porque somente essa minoria tem consciência de que eles existem e, da mesma forma que eles nos foram impostos, podem ser excluídos.

Vida exponencial é sobre isso, sobre pensar em perspectivas mais ampliadas de realidade, da realidade que queremos viver. Com consciência para excluir o que não serve e incluir o que traz maior realização. É por isso que a automaestria tem um peso grande nesse processo.

A vida exponencial é sobre:

- Se conhecer, saber o que é bom e importante para você;
- Questionar o que não faz sentido e encontrar nossas possibilidades alinhadas com a sua verdade interior;
- Viver uma vida com propósito, construindo um legado ou, simplesmente, dar um significado para a vida;
- Se inovar como ser humano e saber que a disrupção nem sempre é necessária;
- Ter consciência e se conectar consigo, para então se conectar com o outro e o mundo de uma forma mais amorosa e abundante;
- Ser o seu próprio mestre e criador da sua vida;
- Dominar a sua transformação;
- Aprender o que vai ser útil para você ser e ter, e conquistar tudo o que faz sentido para você;
- Conviver com pessoas que você escolheu - porque elas têm os mesmos valores, o propósito e a visão do mundo que você quer impactar - e que te impulsionam a ir para o seu próximo nível; e
- Buscar a autorrealização e a prática do altruísmo sustentável exponencial.

Porque cuidar antes de si mesmo não é egoísmo, é prezar pela sua existência, pelo equilíbrio e por sua evolução consciente.

Ao escolher a vida exponencial, a coragem, a confiança e a certeza absoluta se instalam no seu ser, pois a conexão vem da sua verdade interior, seu coração. A fonte de tudo é ativada.

Você percebe que a vida linear, cheia de restrições e padrões que não te servem, era uma ilusão, um processo para te manter no *looping* da autossabotagem. E que isso acontecia porque você não tinha consciência.

Aliás, o mundo é movido por muitos elementos externos, que mantêm a todos sem consciência, desconectados de si, olhando para fora.

São as mídias sociais, grupos de Whatsapp e tudo o que envolve sensacionalismo, jornais, novelas, e assim vai. Tudo isso são as drogas do momento, e vemos muitas pessoas viciadas nesses elementos de distração.

A parte ruim disso é que todas essas coisas trazem sensação de desesperança, aumento de insatisfação e sensação de impotência em relação à vida, mas isso acontece enquanto não se tem consciência.

A consciência é a grande ferramenta de transformação e liberdade. Indo além, é ela que traz de volta a sua grandeza, o seu PODER PESSOAL!

A consciência te ajuda a se manter no momento presente, conectado com a sua essência e ouvindo a sua verdade interior.

Você pode potencializar essa conexão, expandindo sua intuição, para então atuar no seu estado de excelência, utilizando as suas melhores habilidades e dons únicos dentro do que você faz, tudo isso de uma forma consciente e planejada. E isso é possível através do *flow* transcendental.

## O *flow* transcendental

Vida exponencial é sobre ter resultados exponenciais em todas as áreas da vida, e a prática que permite que tudo isso seja possível é o *flow* transcendental. Enquanto a meditação transcendental te ajuda a entrar no seu maior estado de presença, no "aqui agora", o *flow* transcendental vai além, trazendo essa presença, porém, dentro da ação.

Para as pessoas inquietas, assim como eu, trata-se de uma prática muito mais efetiva, principalmente quando o objetivo de alta performance e hiperprodutividade estiverem em jogo.

Com a diferença que a sua excelência é atingida dentro de um estado de presença em que você está indo para a ação dentro das suas melhores habilidades e dons únicos. Por isso, o *flow* transcendental difere da vibração do medo, na qual a excelência é buscada pela competição pura.

O *flow* transcendental é uma fusão de entrar em ação com consciência, ou até mesmo com consciência expandida. Por isso, todos os benefícios são exponenciais, incluindo os resultados.

Para as pessoas que vivem dentro de contextos muito competitivos e prezam a questão financeira, mas querem viver no amor, eu recomendo que aprendam essa prática. Isso vai mudar completamente a percepção que elas têm da vida e do seu trabalho.

Vai, inclusive, tornar o seu mundo muito mais fácil e, em vários casos, vai trazer a ressignificação com o propósito que tanto procuram, de forma consciente e acionado no momento que quiserem.

Essa prática também ajuda a pessoa a sair da procrastinação, ter clareza mental, concentração, foco, alta performance, hiperprodutividade e, como consequência, os resultados exponenciais.

A ciência já fez vários estudos comprovando que pessoas que entram no estado de *flow* alcançam níveis considerados muito acima da média. Os números são impressionantes, chegam a ser considerados como "super-humanos" em nível de performance e desempenho.

Foi comprovado que é possível chegar a um nível de produtividade acima de 500%, criatividade acima de 400%, além de terem o aprendizado acelerado em mais de 500%.

*Flow* transcendental é um estado que combina 3 elementos: o *flow*, o êxtase e a transcendência. Buscar esse estado de *flow* transcendental é para quem quer fazer acontecer dentro das suas melhores habilidades e conectado com a sua essência dentro de um estado de entrega total, *ALL IN*. Isso porque a prática combina grande concentração e foco com intensa alegria e entusiasmo, seguindo o TAO, que é o estado de presença e entrega, quando você está atuando do seu "estado da arte", com excelência. Isso acontece porque a mente consciente é uma ferramenta poderosa, mas morosa, enquanto o subconsciente é superpotente e veloz. No estado de *flow* transcendental, o subconsciente assume o comando.

Cientificamente, foi comprovado que no estado de *flow*, seis hormônios são ativados ao mesmo tempo: dopamina, serotonina, oxitocina, noradrenalina, endorfina e anandamida. Com esses catalizadores, nosso cérebro começa a funcionar de maneira diferente. Uma das mudanças que acontece com o neocórtex é que uma área fica hipoativa e a outra hiperativa.

É como se uma parte ligasse e outra desligasse. Com isso, surge a ausência de ego, ausência da percepção de tempo, ausência de esforço e a atuação acontece dentro da sua melhor performance e no seu "estado da arte".

Algumas experiências, percebidas inicialmente como sendo completamente diferentes, na verdade não são, quando avaliadas pelos resultados. Um monge budista vivenciando uma experiência de iluminação ao meditar, um cientista tendo um *insight* revolucionário e uma pessoa comum dançando ao redor da fogueira do *Burning Man*, embora possam parecer diferentes vistas de longe, na verdade provocam sensações muito similares. Trata-se de uma convergência compartilhada, um acesso à consciência não local, uma consciência una, que conecta todos nós.

Em outras palavras, o *flow* transcendental pode te trazer expansão de consciência, coragem e certezas da melhor decisão e maneira de ir para ação, porque ele ativa os seus potenciais exponenciais de forma intensa e te coloca no seu "estado da arte", na sua excelência.

Quem quer dar um salto na sua vida e torná-la exponencial vai aprender neste livro algumas ferramentas para isso. São práticas que vão gerar inovações e ativar potenciais exponenciais, além de te colocarem dentro do estilo de vida exponencial.

Algumas coisas que podem acontecer:

1. **Profissão & finanças:** viver consciente da sua grande motivação, colocando em prática o *flow* transcendental para ter performance, produtividade e resultados exponenciais;
2. **Relacionamentos exponenciais:** construir relacionamentos que agregam e geram valor, escolher o seu círculo de convivência maior, para te levar para o seu próximo nível sempre;
3. *Biohacking*: para quem quer estar no seu potencial máximo de corpo e mente, para trabalhar produzindo mais e também curtir a vida;
4. **Evolução e crescimento pessoal:** ampliar a sua percepção de realidade, explorando as possibilidades e as experiências da vida para ampliar a consciência e se inovar constantemente;
5. **Altruísmo sustentável exponencial:** primeiro cuidar de si e da autorrealização para, então, contribuir para o bem maior, construindo o seu legado e impactando pessoas positivamente. Somente quando você está bem, feliz, com saúde e prosperando é que você consegue contribuir, vibrando na abundância.

Tudo isso porque, dentro do contexto da vida exponencial, a busca pela evolução é o que permeia toda a jornada de vida com consciência. A consciência que nos traz uma nova forma de pensar sobre nós mesmos e sobre o nosso relacionamento com o outro e com o mundo.

A autoconsciência faz com que todas essas experiências sejam percebidas ancoradas na essência e na verdade interior, que é a grande chave para acionar a automaestria, que nos prepara para termos grandes realizações, sem limitações e sem autossabotagens. E quando você chega a esse nível de consciência, no qual a automaestria é um estilo de vida, para quem quer evoluir, dominar a sua transformação e contribuir para o bem maior de todos, você atinge um nível de desenvolvimento e evolução exponencial.

# PARTE I - A DISRUPÇÃO DA VIDA LINEAR

*"A experiência de percepção expandida
é a percepção da vastidão, onde você tem
que literalmente reprogramar o seu modelo
mental do mundo para assimilar o novo."*
Jason Silva

# Falta de Consciência

Muitas pessoas vivem uma vida sem consciência, presas a condicionamentos recebidos desde a infância.

São condicionamentos penosos, que nos desconectam da nossa verdadeira essência e do nosso coração. Eles acontecem de maneira constante, ao sofrermos punição por sermos quem somos, e ao recebermos recompensas por fazermos o que os outros querem que façamos.

> *"Somos todos geniais. Mas se você julgar um peixe pela sua capacidade de subir em árvores, ele passará a sua vida inteira acreditando ser estúpido."*
> **Albert Einstein**

Os padrões que aprendemos a obedecer nos acompanham por toda a nossa caminhada e nos dizem o que fazer, estudar e trabalhar, com quem nos relacionar, como nos comportar, enfim, tudo o que devemos esperar da vida, como se a vida padronizada, restritiva e limitada, a vida linear, como eu a chamo, pudesse atender às necessidades únicas de cada ser humano em relação à felicidade, ao sucesso e às realizações de todos.

Esses condicionamentos fazem com que muitos assumam perfis de vítimas, sendo obedientes e evitando questionar qualquer coisa, só para atenderem a expectativas externas, serem aceitos e amados.

Os condicionamentos padrões, recebidos da família, sociedade, religião e educação, tornam os que se colocam como vítimas em pessoas sem consciência. O condicionamento de que é necessário obedecer, traz grandes limitações, frustrações e insatisfações.

Muitos acabam escolhendo uma vida acomodada, sem grandes felicidades, entusiasmo e realização, e se sentem impotentes em relação a tudo, já que anularam a sua grande conexão com a sua verdade interior, a sua essência. Por isso, acreditam que não existe nada diferente que possam fazer.

O sentimento é de estarem presos, vazios e impotentes, porque precisam agir de uma maneira específica, de acordo com as expectativas das pessoas ou do grupo com que convivem, isso para receberem amor e aceitação. Depois de um certo tempo vivendo sob esse condicionamento, chega a parecer que tudo isso é o normal; muitos deixam de se questionar e outros simplesmente congelam os seus desejos e sonhos.

A obediência em viver a vida "do jeito que é" funciona até o momento em que a insatisfação frustração e a estagnação se tornam insuportáveis. Neste momento, começamos a buscar por algo a mais, e algumas perguntas simples e profundas começam a fazer parte do nosso dia a dia: "Quem eu sou?", "O que eu quero?", "O que é realmente importante para mim?".

Esse é o despertar da consciência, o momento em que voltamos a atenção para dentro de nós e queremos ouvir o nosso coração, a nossa intuição.

A boa notícia é que a vida e o mundo que conhecemos estão mudando, trazendo mais oportunidades para acessarmos nossa consciência e expandi-la, se for a nossa intenção viver uma vida com significado e propósito.

Esse é um reflexo do movimento que estamos vivendo coletivamente. Estamos saindo de um processo de evolução inconsciente, no qual simplesmente reagimos sem consciência e sem controle, para um processo de evolução com consciência, que é feito por escolhas.

Temos a oportunidade de nos tornar mestres e criadores das nossas vidas.

# O despertar da consciência

O mundo, em termos de consciência, está se tornando um só, graças à internet. Temos a oportunidade de nos engajar na criação de um futuro exponencial em várias frentes, tanto para nós como para toda a humanidade.

Essa evolução com consciência exige uma expansão da percepção da nossa realidade, e com isso das nossas possibilidades. Estamos nos movendo, indo além das nossas necessidades mais imediatas em direção ao bem maior de toda a humanidade, construindo um legado para as futuras gerações, mas este é só o começo, ainda temos um grande caminho pela frente.

A grande barreira é exatamente sobre como ativar a autoconsciência de forma pragmática e com consistência. Essa expansão de consciência nos ajuda não somente a lidarmos com o mundo exponencial, mas principalmente a lidarmos com o que é importante para nós e para as nossas vidas.

Vale destacar que a ciência, principalmente a psicologia e a física quântica, junto com as novas tecnologias exponenciais, estão mostrando que existem maneiras de alcançar essa expansão, como: ampliar a percepção sobre a realidade, eliminar as crenças restritivas e limitantes de condicionamentos passados, e ativar os potenciais exponenciais que todas as pessoas possuem. Ao fazer isso, podemos transformar completamente as nossas realidades.

Infelizmente, hoje, somente uma minoria com consciência consegue trabalhar nessas áreas de desenvolvimento pessoal para alcançar grandes realizações em todos os campos da vida.

A minha intenção com este livro é mostrar como todos esses elementos combinados podem levar a vida para o seu próximo nível de realizações, a vida exponencial. Faço isso num passo a passo, de fácil implementação, para gerar valor para o maior número de pessoas, fazendo com que essas ferramentas sejam amplamente conhecidas e assim um maior número de pessoas sejam beneficiadas e transformadas com esses conhecimentos que compilei aqui.

Não acho que essa missão seja fácil, já que a falta de consciência é o que impera, e os vários condicionamentos culturais limitantes, e lineares, continuam atuando fortemente nas nossas vidas, distraindo-nos, mantendo a nossa atenção fora de nós.

Mídias sociais, novela, futebol e sensacionalismos são todos elementos de distração para manter a nossa atenção "fora" de nós, sem consciência. Isso alimenta sentimentos de pesar, frustração e insatisfação, e mantem a maioria das pessoas desconectadas das suas essências, das suas consciências interiores e do que realmente é importante para elas mesmas.

**DESAFIO**
Você conseguiria ficar um dia inteiro sem entrar nas mídias sociais, ou ficar uma semana sem assistir televisão?

"Deus é brasileiro". Acho que todo mundo já ouviu algo assim e, de certa forma, queremos acreditar nisso.

Infelizmente, essa crença acaba por desempoderar a maioria de nós, brasileiros. Faz com que acreditemos que existe algo maior, sobre o que não temos controle ou responsabilidade. E que estamos sujeitos ao que essa "outra força" possa querer ou fazer com as nossas vidas. Por mais que possamos acreditar que essa "força maior" queira o nosso bem, de uma forma direta ou indireta, aumentamos o poder dessa força, fora de nós.

Dessa forma, não percebemos que cuidar de nós mesmo é um respeito à nossa existência. Não percebemos que fortalecer o poder pessoal é, antes de tudo, ter consciência de que somos responsáveis pelas nossas vidas, e que o auto-amor e a autovalorização são sentimentos que deveriam ser nutridos e não sublimados.

Muitas vezes agimos como vítimas e, sem ter consciência, damos o nosso poder pessoal aos outros, sem perceber. Acabamos agindo em piloto automático, sempre ocupados, sem tempo, sem consciência, entramos no *looping* e ficamos por lá.

Desde a infância, até a fase adulta, somos bombardeados com conceitos sobre como o mundo é, o que devemos fazer, como devemos nos comportar e o que devemos escolher para sermos felizes.

Todos estes conceitos e condicionamentos foram inseridos em nós. Esses conceitos e padrões nos foram repassados, sem questionarmos, simplesmente obedecendo, como se todos nós tivéssemos as mesmas aspirações, desejos e expectativas na vida.

É possível perceber que nossas habilidades também se tornam padronizadas, sendo isso um reflexo do modelo implementado desde a Revolução Industrial. Esse modelo de vida profissional linear com 'padrão comum' está falido, como podemos ver hoje em dia.

As pessoas que estão dentro do *looping* dificilmente percebem que as mesmas experiências de vida levam às mesmas sensações, frustrações e insatisfações. Por isso, demoram para sair de dentro dele.

Esse *looping* da vida linear, no piloto automático e agindo de forma mecânica, é onde a maioria das pessoas ficam estagnadas, dentro de um contexto de evolução como seres humanos, porque não conseguem fazer a conexão consigo mesmas.

Tudo o que fazem e o que decidem está "fora" delas mesmas. E, para justificar o contexto de vida que levam, acreditam que só alguns têm sorte, ou são escolhidos, que o mundo por si só é injusto e eles são as grandes vítimas desse sistema. Assim, acreditam que não existe nada que possam fazer para mudar isso.

Não é à toa que vemos muitas pessoas insatisfeitas no trabalho e com várias doenças de cunho emocional, como: insônia, depressão, enxaqueca, fadiga, insegurança, cansaço, problemas digestivos e síndrome de *burnout*.

A falta de consciência, amor próprio e conexão com a essência faz com que essas doenças surjam e se tornem recorrentes.

Pessoas assim estão sempre trabalhando, ocupadas, e muitas vezes sem conseguir produzir o que realmente importa. Se sentem cansadas, sem energia, sem paciência e sem força para fazer qualquer mudança.

A mente vive dentro de um turbilhão de pensamentos que não param de pipocar, o famoso "piloto automático" em ação.

Não percebem que sem ter consciência e se conectar com o seu mundo interior, não terão como mudar o seu contexto de vida. A falta de consciência, de conhecerem a si mesmas, quem realmente são, de saberem o que realmente é importante para elas, faz com que deleguem o comando das suas próprias vidas para outras pessoas. Vivem o propósito do outro, sem consciência, sem perceber.

A consciência muitas vezes demora para chegar e, enquanto vivem no piloto automático, na jornada de evolução sem consciência, essas pessoas sofrem.

A falta de consciência as mantem dentro de círculos viciosos de dramas de vida, de sofrimento, com vazio, escassez, relacionamentos tóxicos, e elas normalmente incorporam um desses três perfis: a vítima, o acusador/racional e o salvador.

A vítima acha que é um injustiçado, incapaz e sem nenhuma competência ou habilidade, e acredita que somente alguém, que não ele mesmo, pode ajudar a consertar a vida que leva. Delega completamente a responsabilidade e os resultados da sua vida aos outros. Acredita que a culpa pela vida que leva é de todo mundo, menos dele mesmo.

O acusador, ou racional, é o que percebe tudo que é possível ser feito na vida de todo mundo, afinal, ele tem todas as soluções para a vida de todos, menos a dele.

As soluções, no entanto, são sempre pragmáticas e racionais, para viver dentro do contexto de vida linear, o que também demonstra uma necessidade de "manter todos na linha" porque ele mesmo tem dificuldade de se manter neste contexto. A dificuldade de olhar para si, ajustar a sua própria vida, evoluir e progredir, é devida ao conformismo e à obediência, sem consciência.

O salvador é o que quer assumir a responsabilidade sobre todas as outras pessoas e, muitas vezes, neste processo, abre mão da responsabilidade pela sua própria vida.

Nos três perfis de drama, a falta de consciência faz com que o círculo vicioso dure por muito tempo e os envolvidos não consigam se libertar. Porém, esse não é o único fator, existem também as distrações externas.

Mídias sociais, como Whatsapp e Facebook, e-mails, novelas, política, futebol e tudo que estimula o sensacionalismo, para mantê-lo distraído e "olhando" para fora de você. Nos jornais, por exemplo, o que mais se vê são notícias que despertam a sensação de impotência, indignação, revolta, o que só alimenta tristeza, pesar, frustração, impotência, revolta e medo.

Para viver esta vida, você não precisa ter consciência, pensar, ou questionar o que se faz e por que faz, porém, a vida pode ser tão mais do que isso. Tudo muda no momento em que você tem consciência de que existe algo fora de você que está te impedindo de realizar o que você quer realizar. Esse é o momento em que você muda o jogo e traz o controle da sua vida para as suas mãos. Você no comando!

# Mudança de percepção da realidade

*"Nós não vemos o mundo como ele é, nós vemos o mundo como nós somos."*
Jason Silva

A vida não é tão ruim para a maioria das pessoas, pelo menos é o que acreditam, já que possuem apartamentos, cônjuges, filhos, carros, tiram férias de tempos em tempos e possuem uma vida muito parecida com a vida dos seus amigos. Todos parecem felizes, portanto, isso se torna suportável.

Até que em um certo momento, alguém pergunta: "Você está feliz?", e você responde "Sim, estou bem.", mas uma certa inquietação surge com essa resposta.

A inquietação pode surgir de uma outra forma, num contexto em que a vida dá uma sacudida. Pode ser causada por uma demissão não esperada, separação, morte de um ente querido, falência, qualquer coisa que dê um choque de realidade. Esse momento é o que muitos denominam do "chamado" para você viver algo maior, em conexão com o seu coração, a sua essência.

Os questionamentos profundos surgem: será que eu realmente estou feliz? Será que esta é a vida que eu queria estar vivendo? Será que eu abri mão demais? Será que a vida é só isso? Será que eu não posso ter e realizar mais do que isso? Como eu vim parar aqui? O que eu fiz da minha vida?

Ao começar a encontrar as respostas a esses questionamentos, a consciência traz uma ampliação na percepção da realidade e das possibilidades porque ela atua em duas principais frentes: no mundo interior e no mundo exterior.

Em ambos os casos, a chegada da consciência causa um certo estremecimento na vida, que é uma consequência de uma nova visão em relação à realidade que era vivida. Coisas que antes eram valorizadas perdem importância; os relacionamentos, a profissão e até a espiritualidade são repensados. Com isso, novas escolhas são feitas.

É nesse momento que a consciência entra transformando a maneira de se viver. A vida linear já não lhe satisfaz mais como antigamente, o padrão único ficou obsoleto.

Existe uma necessidade de viver a sua verdade única, o seu potencial exponencial, de buscar sua autorrealização. Um novo caminho se abre, o da vida exponencial, a jornada de evolução com consciência mais empolgante e desbravadora da sua vida.

Quando a autoconsciência é vivida com a clareza de que se busca uma vida com maior realização, os questionamentos de natureza egoica surgem novamente para encontrar novas respostas para as mesmas perguntas.

É necessário refazer esse processo até o momento em que você começa a viver o seu projeto de vida com propósito.

Este processo de *#rethink* traz novamente vários questionamentos, como: "Quem eu sou?", "O que é importante para mim?", "O que eu estou aprendendo aqui?", "Por que eu faço isso?", e assim vai.

No momento em que se decide encontrar essas novas respostas, ou a confirmação das respostas encontradas anteriormente, é que damos o primeiro passo para perceber qual modelo de vida e de realidade que queremos viver.

Esse processo é salutar, por mais que possa parecer moroso, porque ele fortalece a certeza interior, junto com a coragem, confiança e poder pessoal.

A mudança da percepção da realidade vai acontecendo em várias camadas, cada vez em níveis mais profundos e amplos. Todos os dogmas são questionados e os paradigmas são colocados em xeque.

Padrões, condicionamentos, emoções e crenças são revisitados, liberados, transformados ou ressignificados. Esse é o processo de inovação do ser, no qual ele substitui o que já não serve mais por algo mais alinhado e aderente com quem ele quer se tornar.

A impermanência é a única constante, refletindo na forma de pensar sobre si, sobre o seu relacionamento com o outro e com o mundo.

Ao se aprofundar no processo de autoconhecimento, outra constatação ganha maior peso, cada ser humano é único e o que funcionou para um pode não funcionar para outro.

**DESAFIO**
Descreva para si mesmo quais as amarras
que fazem você seguir o modelo de vida padrão.
Agora, tome coragem e descreva qual deverá
ser seu modelo de vida ideal.

Ao buscar essas respostas, você assume total responsabilidade pela sua vida, o que é o começo do seu processo de transformação pessoal. Você escolhe de maneira consciente buscar uma nova vida, com mais significado, propósito e realizações.

Essa decisão e essa escolha começam a transformar a sua percepção da realidade que tem vivido. Conversar com os mesmos amigos já não parece mais divertido. Até mesmo a presença de alguns deles começa a incomodar; é como se já não falassem a mesma língua, é uma sensação de não pertencimento.

Você começa a sentir falta de conversas profundas, com significado, que levem para o próximo nível, perdendo o interesse em relacionamentos superficiais ou tóxicos.

Você percebe que não adianta reclamar, pois as pessoas não mudam porque queremos e sim porque elas querem, e, portanto, reclamar não ajuda em absolutamente nada. O foco precisa ser na solução.

Você muda a forma de se posicionar, saindo do contexto de vítima e assumindo a responsabilidade pela sua vida e pelo que é importante para você. Você percebe que é a única pessoa que realmente pode fazer alguma coisa por você mesmo, e mais ninguém.

Essa transformação - quando você para de esperar que alguém venha ajudar, socorrer ou orientar - é o grande divisor de águas, é quando você percebe que se tornar o seu próprio mestre é o único caminho e que para isso é necessário desenvolver a automaestria.

# A indecisão

A indecisão é um sentimento que surge em muitos que alcançaram um bom patamar de vida e, com isso, tornaram-se escravos do medo de perder o ótimo padrão de vida que conquistaram.

Ativar essa percepção e consciência é algo chocante.

Percebem que o corpo também fala, por meio das dores, das doenças, e que esses sinais servem para mostrar o que precisa ser feito, uma respiração, uma meditação, um *journaling*, um exercício, uma boa noite de sono e uma alimentação saudável e balanceada, mas que, para tudo isso, a grande motivação precisa existir, o grande porquê de viver a vida.

A percepção em relação à espiritualidade, ou contexto existencial, é também colocada em xeque, ou por não termos cuidado desse pilar da vida, ou por percebermos que as instituições e pessoas que trabalham com a espiritualidade muitas vezes não têm coerência, considerando o que pregam *versus* o que fazem.

Essa constatação traz uma nova consciência, de que a religião é uma forma de conhecer a espiritualidade e que a verdadeira espiritualidade está dentro de nós. Dessa forma, o humano se sente empoderado para se conectar diretamente com o divino, sentindo-se também divino, fazendo parte do UM.

O planejamento da vida também é algo que demanda a nossa atenção, com a mesma dedicação com que planejamos as férias, estudando, pesquisando, nos preparando para algo que realmente vale a pena.

A vida, diferentemente da viagem, é algo para ser aproveitado e curtido ainda mais, porque o projeto de vida com propósito não é um destino final e sim uma jornada empolgante e desbravadora.

A clareza da grande meta, a grande motivação, para viver uma vida, o algo maior, se torna então o seu projeto de vida com propósito e legado. Independentemente de se estar disposto a resolver um grande problema ou simplesmente impactar positivamente o maior número de pessoas.

Perceba que, para tornar a vida divertida, a felicidade não deve mais ser o foco, porque ela deve fazer parte do dia a dia, já que é possível *hackear* a felicidade.

O foco é a autorrealização, a concretização de grande meta, propósito e legado, desenvolvendo o altruísmo sustentável mas sem esquecer de que, para tudo valer a pena, é muito importante viver a vida intensamente, com uma certa ousadia e com experiências incríveis.

Essa clareza, quando trazida à consciência, dá uma grande estremecida em tudo o que se acreditava ser verdade.

Nesse momento, acontece uma transcendência, do limiar do que era possível para uma realidade de vida que pode ser possível viver. É a consciência de que a vida realmente pode ser muito maior do que tinha sido até então.

A disrupção acontece. O ápice é atingido e mais nada é suportado e tolerado. A vida linear e limitada começa a ter os seus dias contados.

## A disrupção da vida linear

O movimento começa quando a realidade não é mais suportada e está em conflito direto com a vida que você gostaria de estar vivendo. A frustração, a insatisfação, e o desapontamento tomam proporções não mais suportáveis. Até chegar o momento de dizer: "Basta!", "Não quero mais isso!", "Preciso mudar agora!".

Nesse momento, acontece a ruptura com a vida linear, limitada e restritiva. É o despertar da consciência e o começo da vida exponencial, uma jornada de evolução consciente e contínua.

Você percebe que precisa *hackear* você mesmo e a sua vida, para te levar para onde você realmente quer, sabendo o que é importante para você!

Você entende que cuidar de si e ter autorrealização não é egoísmo, é sim prezar pela sua sanidade mental, emocional, física e espiritual. Você começa a desenvolver o seu altruísmo sustentável consciente.

As limitações recebidas dos condicionamentos já não fazem mais sentido e, sem querer, você começa a questionar tudo que foi colocado para você como "certo" ou "errado". Você percebe que algo pode ser bom para uma pessoa, mas muito ruim para você. Você entende que a sua percepção do que é válido dentro da sua individualidade só pertence a você e a ninguém mais.

O processo de inovação do ser é iniciado, você começa a fazer a sua transformação pessoal para se tornar uma pessoa mais completa, a sua melhor versão de si mesmo.

Você entende que às vezes a vida pode te colocar perto de pessoas que você ama, mas que, para ser feliz, você precisa romper com elas. E então, ao fazer isso, você descobre que o respeito e a admiração, que por algum momento você tinha certeza que iam durar o resto da vida, passaram, e as pessoas que você ama passaram a te amar mais e a te respeitar mais por você ter defendido o que era verdade para você.

Você descobre que viver a sua verdade e o seu propósito, além de trazer mais admiração e respeito, serviu de inspiração para mais pessoas do que você poderia imaginar. Você passa a impactar pessoas que você nunca pensaria que iria impactar. De repente, você percebe que a sua vida pode ir muito além e que aquele momento difícil, da grande decisão, foi só o começo de algo muito maior, algo que você nem poderia imaginar que seria possível. Nesse momento, você começa a voar.

Não existem mais limites, não existe mais o impossível. Você se torna o exemplo de que o impossível é o novo possível. E isso muda tudo!

O seu processo de inovação, iniciado pela expansão de consciência, desperta um questionamento em um nível mais amplo e profundo. Não somente em relação às suas verdades, mas também em relação ao status quo, na busca de entender por que as coisas são como elas são.

Emerge uma percepção de se sentir diferente das outras pessoas. Ao mesmo tempo, surge uma sensação de responsabilidade maior, uma certeza de que você possui um potencial maior e inexplorado.

Torna-se imperativo viver uma vida que valha a pena ser vivida, com significado, com propósito, fazendo o que se ama. Você já não aceita mais a vida comum, o antigo modelo de vida linear, que antes o aprisionava.

Outra percepção aflora, a de que para fazer qualquer mudança será necessário sair da zona de conforto, ou então, expandir a zona de conforto, saindo dos velhos padrões e condicionamentos.

Querer e construir relacionamentos diferenciados, que agregam e geram valor, que impulsionam e estimulam a sua evolução, é o que te dá a certeza de que a sua jornada de evolução consciente será bem-sucedida e duradoura.

A intenção direcionada ao que realmente é importante começa a permear o fazer, o pensar, o sentir e o falar, com coerência. Isso porque as pessoas que tomam esse caminho querem fazer acontecer assertivamente.

Naturalmente, elas aceleram sua evolução, tornando-se mestres e criadoras das suas vidas. Assumem o controle, o poder pessoal e a responsabilidade por onde se encontram e pelo que é necessário fazer, aprender e masterizar para chegarem aonde querem.

Cuidam de si mesmas em todos os níveis de corpo, mente, emoções e espírito, porque sabem que isso não é egoísmo e sim amor próprio e respeito por quem são.

Adotam um estilo de vida minimalista porque isso ajuda a ter clareza mental, tomar melhores decisões, e também ajuda a não ficar eternamente com medos dos amanhãs.

Querem compartilhar, colaborar e contribuir, afinal, competir já não faz mais sentido, não acreditam no ganha-perde, na escassez. Possuem o *mindset* da abundância, do ganha-ganha, mas também querem ir além e contribuir, mas não adotam qualquer tipo de caridade como missão. Fazem isso com responsabilidade e altruísmo sustentável.

Querem o sentimento de confiança e coragem como padrão em suas vidas, em vez do medo e da esperança por algo que nunca chega.

A automaestria é o caminho natural da evolução consciente e, nessa jornada, aprendem a dominar a sua mente, a masterizar a autoconsciência e a expandir a consciência, ou seja, aprendem a dominar o seu processo de transformação pessoal.

Aprendem que a gratidão é um dos sentimentos mais nobres que o ser humano pode sentir, porque possui elevada vibração energética. Quando somos gratos, sentimos amor, paz, serenidade, apreciação, e tudo isso é uma somatória de sentimentos bons, que quando cultivados são excelentes fontes de cura emocional, física, mental e espiritual.

Não buscam mais a felicidade, pois percebem que a felicidade é *hackeável* e que podemos incluir gatilhos conscientemente, para ter felicidade no dia a dia. Buscam a autorrealização junto com as experiências de êxtase, porque fica claro que esse é o grande combustível de uma vida plena, intensa e completa, uma vida exponencial.

# PARTE II - O SURGIMENTO DA VIDA EXPONENCIAL

*"Consciência é a habilidade de perceber diferentes perspectivas. Quanto mais perspectivas diferentes você perceber, mais consciente você é."*
Ken Wilber

# Os 7 Estágios da Vida Exponencial

*"Quando eu me desapego de quem eu sou,
eu me torno quem eu posso ser."*
Lao Tzu

Todos nós vivemos uma jornada de evolução. No começo dessa caminhada, não temos consciência e, exatamente por isso, muitos ficam estagnados no primeiro estágio, vivendo dentro dos condicionamentos, padrões e crenças da vida linear, acreditando que "a vida é assim mesmo", se posicionando como pessoas conformadas com o status quo, obedecendo o sistema, sem questionar.

Felizmente estamos vendo uma mudança de consciência no nível coletivo mundial, substanciada nos indivíduos, devido a grandes revelações de corrupção, crimes sexuais, violência, guerras de poder. Toda esta avalanche de informações está gerando uma certa inquietação e uma sensação de frustração e impotência, por não se saber lidar com tudo o que está sendo revelado.

Esse grande movimento está impulsionando a humanidade a dar um próximo passo na sua evolução e, para isso, precisamos avançar, buscar o próximo nível. Entender os estágios da jornada da evolução com consciência, que são a base da vida exponencial, irá nos ajudar a sairmos dos círculos viciosos de sofrimento, drama, escassez e sensação de vazio.

Os estágios da vida exponencial estão conectados às camadas de evolução humana que acontecem com o despertar da consciência, fazendo a transformação e inovação pessoal necessárias para então evoluir. Esse conceito é a grande fundamentação da vida exponencial, na qual o processo de transformação pessoal é feito de forma consciente e direcionado para tornar o seu projeto de vida com propósito uma realidade.

Então, imagine que você tem uma casa com vários andares. Existe o porão no subsolo, tem o andar principal, o primeiro andar, o segundo andar e a cobertura. Cada andar representa uma camada da evolução.

O porão, a área inferior, escura e sem luz, representa a camada menos evoluída e sem consciência, e a cobertura, a área superior, aberta e iluminada, representa a camada mais evoluída com expansão de consciência.

As pessoas que estão no porão dificilmente conseguem imaginar que possa existir uma cobertura. Como coletivo, estamos distribuídos em todas as camadas. Como indivíduo, podemos circular por todas elas, dependendo da jornada que escolhemos trilhar: quer seja uma jornada consciente, quer seja inconsciente: evoluindo *versus* estagnado.

Há uma percepção de um conjunto de escadas e um andar acima, mas a maioria das pessoas está muito presa em seu próprio desconforto, ou círculo vicioso de sofrimento, drama, escassez e vazio, para prestar atenção a esses detalhes.

A maioria dos seres humanos que escolheu viver a vida exponencial reside no último andar e têm acesso à cobertura. Agora, aqui é onde a consciência da jornada torna tudo muito mais interessante.

Aqueles que estão morando nos andares superiores têm acesso a todos os níveis pelos quais já passaram. A consciência permite que circulem por todos os andares, e refaçam as suas escolhas para continuarem morando nos andares superiores.

No entanto, aqueles que residem nos andares inferiores, e que ainda não decidiram subir em seu próprio processo evolutivo, têm pouca consciência dos andares superiores, porque ainda não os experimentaram. E sem expandir a consciência, permanecem nos andares atuais, sem sequer imaginar as infinitas possibilidades, melhores e também possíveis de serem vividas.

Essa é a razão pela qual a maioria das pessoas, sem consciência da jornada evolutiva, não consegue ativar o seu potencial ilimitado e exponencial. Elas simplesmente não têm esse ponto de vista.

A expansão de consciência permite tenhamos a percepção das infinitas possibilidades disponíveis para todos nós. Enxergar as novas perspectivas, através das novas experiências e percepções da realidade, amplia o tamanho do ponto de vista sendo analisado.

Agora, se você já tem consciência da sua jornada evolutiva, ou se você quer iniciar uma jornada evolutiva consciente, entender os elementos que compõem cada nível te ajuda a construir o seu *roadmap* para que o seu processo seja acelerado e exponencial.

Existe a possibilidade de voltar para o porão e repetir os mesmos condicionamentos e padrões, portanto, é possível voltar aos potenciais inferiores, limitados e lineares. Isso ocorre caso o foco, a energia e as ações sejam direcionados de volta aos antigos condicionamentos e padrões, por isso a evolução é um processo de desenvolvimento contínuo, sem fim.

A energia é colocada onde você coloca o foco e, portanto, as experiências voltam a se repetir. Por isso, a importância de colocar o foco no novo, no que você quer.

Ter consciência da jornada vai te ensinar a identificar os contextos dos condicionamentos e padrões antigos, já aprendidos, mas não identificados. Esse é o grande segredo para você destravar os níveis superiores e continuar avançando rumo ao seu próximo nível.

A evolução não torna você melhor do que as pessoas das camadas inferiores. Aliás, quando a evolução acontece, a humildade surge exatamente para complementar essa evolução. Esse novo avanço traz a sabedoria para perceber que todos nós viemos do mesmo lugar, e a jornada acontece: em você, no outro e no mundo. Está tudo conectado!

Em algum momento, as pessoas que estão em outras camadas podem decidir que continuar lá já está insuportável. Somente neste momento é que irão encontrar coragem para subir para o seu próximo nível, por iniciativa e escolha individual.

Ninguém pode interferir diretamente nesse processo, sendo essa interferência inclusive prejudicial e capaz de postergar qualquer possibilidade de evolução iminente.

A sabedoria também é masterizada durante a jornada quando percebemos que a melhor ajuda que podemos dar ao outro é sermos um exemplo do que é viver escolhendo "ser a versão mais completa de si mesmo", por termos escolhido viver a jornada de evolução consciente.

É preciso estar disponível para ajudar quando alguém pedir ajuda, e ter a sutileza para entender o quão profundo ou superficial é o entendimento do outro em relação ao contexto que está vivendo.

Ajudar o próximo dentro do que ele está pronto para receber e não o ajudar dentro do todo que você conhece são atitudes cruciais para que o outro avance na sua jornada, e para que você não prejudique o processo de evolução, nem dele e nem o seu.

A compaixão te auxilia a perceber a melhor maneira de ouvir e ajudar o outro na medida certa. Se você perceber que alguém precisa receber uma mensagem, uma inspiração, faça isso. Mas sem forçar!

Você terá a satisfação e a alegria de ver mais e mais pessoas surgindo na camada em que você está agora. Seguindo em movimento para o próximo nível, em movimento para se tornar exponencial. É dessa forma que todos nós impactamos positivamente o nosso mundo e o mundo ao nosso redor.

Nas camadas superiores, os potenciais exponenciais são ativados de maneira consciente e direcionados para o projeto de vida com propósito. A ativação desses potenciais ajuda a encontrar a camada que fornece as condições necessárias para você se expressar, crescer, expandir e encontrar outras pessoas e novas experiências, com as quais você realmente se identifica.

Você sempre poderá acessar as camadas pelas quais você já passou para ser útil e contribuir com o coletivo. Dê amor, compaixão, compreensão e incentivo àqueles que ainda não se encontraram, e tenha a certeza de que todos farão a sua mudança para o próximo nível, quando o tempo for perfeito para eles. Ninguém evolui porque você quer, e sim porque eles querem.

A necessidade surge porque manter o que não faz mais sentido é insuportável. Nesse momento, a necessidade de evolução começa a se tornar consciente, e a ajuda pode ser valorizada.

Ao mesmo tempo, o entendimento de que todos nós estamos em diversos estágios de evolução, vivendo no mesmo mundo, é essencial para que você nunca se esqueça que cuidar de si mesmo é, e sempre deverá ser, a sua prioridade número um. E que isso não é ser egoísta, e sim, prezar pela sua existência e evolução!

Você só conseguirá ajudar o outro se você também continuar se desenvolvendo e aperfeiçoando, durante a sua jornada de evolução consciente.

O Estágio 1 é onde todos começamos, da vida sem consciência, ao romper a primeira barreira para trazer os primeiros elementos da consciência. É quando a jornada exponencial, com evolução consciente, de fato se inicia.

O Estágio 2 é o despertar da consciência, é quando percebemos que viver o nosso projeto de vida com significado e propósito é possível. Ficamos empolgados com o que será a mais desbravadora jornada da nossa vida.

Este é o grande paradoxo do despertar da consciência: a percepção de várias novas possibilidades que ainda não haviam sido consideradas versus a nova consciência de que várias das crenças que eram vistas como "certas", na verdade, eram crenças que levavam a processos de autossabotagem.

Essa descoberta deixa a vida um pouco tumultuada, confusa e alguns dos sentimentos mais densos são trazidos à tona, como: medo, vergonha, culpa, remorso, ressentimento e rejeição.

Esse é outro momento importante porque é preciso perceber que aprender a lidar, liberar e transformar os condicionamentos, padrões e crenças é fundamental para prosseguir na jornada.

Aprender as ferramentas certas, conceitos e práticas para fazer a sua própria transformação pessoal é o estágio seguinte da inovação do ser. A transformação do que já não serve mais é feita com consciência e direcionada para o NOVO VOCÊ.

Esse estágio pode ser desafiador, já que é nele que olhamos de frente para as nossas sombras, aquela parte de nós mesmos que não gostamos, escondemos ou rejeitamos.

A transformação se torna um processo consciente e contínuo, rumo à evolução. E a certeza é que a "impermanência é uma constante", como no provérbio budista.

Ao completarmos vários processos de transformação e inovação, começamos a nos sentir mais amados, com autoaceitação, e assim percebemos que estamos nos valorizando mais.

A inovação e transformação sempre vão acontecer, mas chega um ponto que precisamos de algo a mais. Surge a necessidade de ativarmos novos potenciais, mais alinhados e direcionados com o NOVO VOCÊ e a NOVA VIDA. Assim, entramos no Estágio 4.

A ativação dos potenciais exponenciais é feita dentro do entendimento de que tanto os condicionamentos, crenças e padrões como as novas inteligências, habilidades, valores e virtudes são elementos que podem ser incluídos, excluídos, aprendidos, aperfeiçoados e priorizados, tudo para potencializar a sua jornada de evolução consciente.

A masterização da automaestria é o Estágio 5, quando é então feito o processo consciente para dominar a sua transformação pessoal, o que acelera exponencialmente a sua evolução.

Os contextos que pedem uma transformação pessoal são identificados mais rapidamente. Ao mesmo tempo, as camadas para inovação são cada vez mais profundas, mas a masterização da automaestria faz com que o processo de transformação aconteça rapidamente.

A transformação é direcionada para o propósito, com a clareza da NOVA VIDA e do NOVO VOCÊ, que são elementos que já fazem parte da realidade. Neste estágio, o projeto de vida com propósito já está em ação, o plano já está sendo executado.

A masterização da automaestria é o que potencializa então a autorrealização, que vem em seguida, o Estágio 6. A autorrealização acontece com a consciência de que a realização precisa estar conectada com a sua essência e o seu coração.

Sucesso, felicidade e realização são conceitos com diferentes significados para cada pessoa, e somente a conexão com o seu Eu Interior é que vai trazer a verdadeira realização, que deve acontecer em todos os pilares da vida.

A jornada de consciência pode alcançar a "curva exponencial", quando a prática do altruísmo sustentável, o Estágio 7, entra em cena. Esse momento é quando alcançamos a verdadeira felicidade e plenitude, quando contribuímos para o bem de todos dentro da abundância, respeitando a Lei Universal do Equilíbrio de Troca.

Viver a jornada exponencial é uma escolha que exige esforço para nos tornarmos a versão mais completa e perfeita de nós mesmos, porém as recompensas são infinitas, ilimitadas e exponenciais.

Existem duas grandes dimensões de vida disponíveis para nós atualmente: a jornada exponencial, que é o futuro, governada por escolhas; e a jornada linear, que é o antigo, o modo do "piloto automático".

Estamos sendo impulsionados para fazer novas escolhas em relação ao que queremos que faça parte das nossas vidas. Essas escolhas podem ser feitas hoje de forma planejada ou depois, de forma forçada.

E você, qual vida vai escolher?

## Linear e Exponencial

Existe uma diferença bem grande e significativa entre linear e exponencial.

"Linear" é algo que evolui em uma linha consistente. Antes das tecnologias mais recentes, a evolução das coisas era muito lenta e crescia num ritmo linear. É como um sistema baseado em juros simples.

De algumas décadas para cá, o mundo está se tornando exponencial e isso deve continuar no futuro. As tecnologias fizeram com que cada canto do mundo passasse a viver o mundo como um todo, ou seja, com uma visão global e EXPONENCIAL, porque as tecnologias recentes fizeram com que a evolução das coisas ficasse muito rápida e crescesse num ritmo exponencial. É o equivalente a um modelo de juros compostos.

Um outro exemplo, usando a matemática para explicar. Imagine uma sequência de números crescendo de maneira linear e outra, de forma exponencial.

A sequência com crescimento linear é: 1, 2, 3, 4, 5, 6, 7...

Já a sequência com crescimento exponencial é: 1, 2, 4, 8, 16, 32, 64...

Talvez com isso seja possível perceber o impacto do crescimento exponencial comparado com o linear, é gigantesco!

Um outro exemplo, para isso ficar mais claro ainda:

Se você der 30 passos lineares, você anda 30 metros.

Se você der 30 passos exponenciais, você daria 26 voltas no planeta Terra.

Essa é a diferença entre linear e exponencial.

A diferença de impacto entre os dois contextos se aplica também à vida linear *versus* exponencial.

No Estágio 1 da jornada de evolução, a vida é 100% linear. Já no Estágio 2, do despertar da consciência, é quando começa a busca pelo autoconhecimento, e surgem os primeiros movimentos da transição da vida linear para a vida exponencial.

No Estágio 3, a inovação do ser leva o indivíduo a acelerar essa transição, juntamente com a ativação dos potenciais exponenciais, no Estágio 4. Mas é na masterização da automaestria que o indivíduo já está vivendo 100% na vida exponencial.

As recompensas dessa nova vida ficam mais evidentes nos Estágios 6 e 7, com a autorrealização em todos os pilares da sua vida, atingindo o ápice na prática do altruísmo sustentável.

De uma forma resumida, os 7 estágios da vida exponencial são:

Estágio 1 - Vida sem consciência, no piloto automático

Estágio 2 - Despertar da consciência

Estágio 3 - Inovação e transformação do ser

Estágio 4 - Ativação dos potenciais exponenciais

Estágio 5 - Masterização da automaestria

Estágio 6 - Autorrealização em todos os pilares

Estágio 7 - Altruísmo sustentável

## Vida Consciente

A vida com consciência, por si só, não é suficiente para evoluirmos, se não houver a iniciativa e o esforço para o nosso desenvolvimento e transformação pessoal.

A jornada de evolução com consciência acontece quando 3 elementos são combinados e utilizados em conjunto, que são: consciência, desenvolvimento e evolução.

Existem pessoas que possuem consciência, mas ainda não encontraram a ferramenta certa para utilizar nesse processo e, portanto, ficam estagnadas no mesmo ponto, sem conseguir se desenvolver e sem evoluir, apesar de terem consciência.

Existem inclusive pessoas que possuem consciência, mas escolhem não evoluir porque o elemento que precisam desenvolver é algo que também traz algum tipo de "benefício" ao ser mantido, sendo mais difícil de abrir mão.

É o caso dos vícios ou relacionamentos tóxicos, por exemplo. A dificuldade em abrir mão do pseudobenefício é maior do que o sofrimento por manter o vício ou o relacionamento tóxico em suas vidas. Apesar de existir uma maneira de sair desse contexto, que é desenvolver o auto-amor e autoaceitação, o esforço não é feito e, portanto, a transformação e a evolução não acontecem.

Quem vive o drama do vício ou relacionamentos tóxicos precisa escolher sair deste drama. Por mais difícil que seja, esse é um processo individual, de decisão e escolha por manter ou transformar o drama.

Mesmo quando você conhece alguém que vive esse contexto, não adianta ajudar por iniciativa própria, se a pessoa não der os primeiros passos por si mesma e pedir ajuda.

Ajudar sem ser solicitado pode prejudicar, postergando ainda mais a saída desse círculo vicioso e de drama, porque essas pessoas estão dentro de um condicionamento que precisa ser mudado antes de ser rompido. Por isso, a ajuda não funciona neste caso.

As pessoas que vivem esses círculos viciosos e de drama fazem qualquer coisa por prazeres ou satisfação de curto prazo, pelo fato de não valorizarem os planos e as recompensas de longo prazo. Dentro desse contexto, buscam por satisfações rápidas e acabam por tolerar situações medianas, e até mesmo medíocres, por falta de força de caráter e conhecimento de si mesmas.

O hábito de buscar a sensação de satisfação imediata pode surgir de diversas maneiras. Quaisquer estímulos externos, como um drink, cerveja, drogas, comida, inclusive compras e mídias sociais, servem para dar a sensação de prazer ou felicidade imediata e temporária.

O fato de suprir uma carência interna, com elementos descartáveis, ao invés de trabalhar a causa e a origem da carência, faz com que essa sensação seja momentânea. Mas o pior não é isso: cada vez mais, as doses precisam ser aumentadas para propiciarem o mesmo nível de prazer, já que a carência, a escassez, o drama e a sensação de vazio continuarão aumentando.

O trabalho da inovação do ser acontece para identificar as carências e curá-las. As dores de cunho emocional, e qualquer tipo de carência, podem estar ancoradas em histórias que contamos para nós mesmos e que precisam ser transformadas quando se quer evoluir.

Essas histórias são crenças que criamos e alimentamos, e que podem permanecer por muito tempo, de maneira oculta, inconsciente, porém com consequências reais através dos processos de autossabotagem.

A intensidade dos dramas, contextos de escassez e vícios pode variar tremendamente, mas a origem de qualquer um deles pode ser identificada e curada. A expansão da consciência, juntamente com o desenvolvimento pessoal, é um caminho.

Existem cinco principais estados da consciência humana, adaptação da visão budista, que são:

- Exponencial
- Hedônico
- Vazio
- Sentidos
- Olhar

No nível:

**Exponencial**: estado da consciência do todo, do *flow* ao TAO, a transcendência. Armazena todas as experiências (palavras, pensar, sentir e agir). Responsável por alavancar a conexão com o eu interior, o outro e o mundo. É a impulsionador da evolução humana, levando-nos para o próximo nível, em conexão com todos, em unicidade.

**Hedônico**: estado da consciência da mente. Conexão consigo. Busca pelo estado de êxtase e prazer, a necessidade hedônica do indivíduo. Busca o prazer e evita de todo modo o sofrimento. Ignora as desvantagens da busca exclusiva pelos estados hedônicos, como vícios e narcisismo.

**Vazio**: estado vazio, sem forma, sem som, sem limites. Consciência da mente, vazio, do sonho, sem ego. A consciência que permeia é a fonte causal de tudo. A experiência do sonho é relatada como desprendimento do corpo, que acessa outros mundos, insights, imagens e energia.

**Sentidos**: estado sutil. Experiências dos outros sentidos (audição, olfato, paladar e tato), emoções e novas percepções físicas e materiais, estado de consciência dos sentidos. Consciência de fluxo constante. Percepção limitada.

**Olhar**: estado de consciência bruta, física. Estado menos consciente, porém carrega características dos aspectos fundamentais do ser humano, tudo que pode ser visto. É a forma como vemos, o corpo físico e o reino material. Percepção finita.

Os cinco principais níveis de desenvolvimento humano, uma adaptação do trabalho sobre evolução humana de Ken Wilber, acontecem tanto no nível individual como no coletivo. São eles:

- Somos exponenciais
- Somos divinos
- Somos racionais
- Somos seguidores
- Somos sobreviventes

No âmbito individual, isso representa:

**Somos exponenciais**: o ser iniciou a jornada da transcendência de si, a evolução consciente. Busca grandes realizações, para si e para o bem de todos. Não é excludente. Gosta de trabalho e vida pessoal. Gosta de espiritualidade e dinheiro. Gosta de saúde e evolução. Vive as suas paixões e transformou o seu propósito na sua missão e legado. Busca excelência, autorrealização e automaestria. Segue mente, coração (intuição) e instinto.

**Somos divinos**: tem autoconsciência e busca autodesenvolvimento. Quer ter autorrealização e busca o propósito. Percebe incoerência do mundo interior e exterior. Possui alguns conflitos como, por exemplo, ganhar dinheiro e ver o "mundo injusto", o que se torna um elemento de autossabotagem, sem consciência. Mas está trabalhando para alinhar os 2 mundos e superar esses conflitos. Segue mente e coração.

**Somos racionais**: não têm autoconsciência. Acredita que quanto maior o sacrifício, maior a recompensa. Busca autoestima, sem consciência. Sabe dos seus direitos, mas não tem clareza dos valores. Age com incoerência. Segue mente e instinto.

**Somos seguidores**: busca pertencimento, significância, se sentir importante para outra pessoa. Acredita que sacrifício talvez traga recompensa. Tem consciência limitada dos seus direitos, é obediente sem questionar. Segue a mente e o instinto. Assume o perfil de vítima da vida. Sentimento de impotência.

**Somos sobreviventes**: busca a sobrevivência. Quase não tem consciência dos direitos e nem dos valores. Quanto ao pouco que tem, não se importa, não liga, segue os instintos somente.

No âmbito coletivo:

**Exponencial**: é o início das tecnologias exponenciais, informações e acesso de todos a pessoas e ferramentas que até pouco tempo eram de acesso exclusivo de uma minoria. Consciência humanitária, empresas com propósito, resolvendo "grandes problemas" do mundo. Percepção expandida de realidade e de potência do seu impacto no mundo.

**Divinos**: é o início da internet. Mente pluralista. Início da conexão expandida entre as pessoas de diversos países e do entendimento das outras culturas e dos "outros mundos". Despertar da consciência maior, com outras percepções de realidade, estilos de vida, religião, necessidades, problemas, etc.

**Racionais**: é o início da era da ciência, indústrias e democracias. O contexto social é competitivo, e as coisas precisam ser feitas "de um certo jeito padrão", impulsionadas pelo contexto da revolução industrial, no qual a padronização impera.

**Seguidores**: é o contexto da monarquia ou agropecuária, no qual poucos detêm o poder e muitos se tornam dependentes e seguidores, obedientes, sem nada questionar. Seguem preceitos religiosos ortodoxos. Acreditam que os pecados são punidos.

**Sobreviventes**: é o equivalente ao homem das cavernas, os primeiros estágios do homo sapiens. Preocupam-se em atender as necessidades básicas de sobrevivência, alimentação e moradia.

Ter o entendimento de todos os estados de consciência e dos níveis de desenvolvimento humano traz a clareza do que é preciso fazer para ir para o seu próximo nível de evolução.

Sem ter essa clareza, a maioria das pessoas acaba ficando estagnada, porque não sabe como sair desse contexto. Às vezes por não ter consciência, outras, por não ter claro qual a melhor estratégia para avançar nessa jornada.

Existem várias estratégias e uma delas é trabalhar para elevar os seus sentimentos, já que eles estão diretamente relacionados com o seu nível de evolução. Dentro desses níveis, os sentimentos predominantes são:

### Exponencial

Centrado na autorresponsabilidade e autorrealização, com senso de contribuição, visando o bem de todos. O ser foca a sua evolução pessoal. Autêntico, vive o seu propósito, constrói o seu legado, trabalha na expansão da sua consciência. Sentimentos predominantes: AMOR, ALEGRIA e PAZ.

### Salvador

Tem consciência, mas se preocupa em ajudar a vida do outro, independentemente de pedirem ajuda ou não. Possui conflitos internos em relação a ganhar dinheiro, sente injustiça ao ver o outro em contexto que ele julga "inferior". Se importa com os outros, sendo que seu desenvolvimento e sua evolução pessoal estão ancorados no ambiente em que vive, e não no próprio *SELF*. Sentimento predominante: ACEITAÇÃO.

**Acusador**

Visão racional da vida, foco na competição e alta performance, visão do mundo ganha-perde, vibra na escassez. Sente indignação com a corrupção dos outros, mas pratica pequenas corrupções, como furar fila. Falta consciência de valores. Sentimento predominante: CORAGEM.

**Vítima**

Possui visão pessimista em relação ao mundo, não sendo merecedor e nem capaz de fazer ou mudar alguma coisa na própria vida. Acredita que "a vida é assim mesmo". Tem visão limitada da realidade e da sua vida, por se sentir impotente e incompetente em relação a tudo. Sentimento predominante: MEDO.

**Marginal**

Visão de ser pecador e, portanto, estar sendo punido. Se sente excluído e rejeitado, com dificuldade em lidar com a vida. O que importa é sobreviver, custe o que custar. Ações baseadas nas necessidades humanas mais básicas. Busca sobrevivência. Sentimento predominante: CULPA, VERGONHA.

# Expansão da Consciência

A expansão de consciência tem se tornado um tópico muito popular nos últimos tempos, mas muitos ainda não sabem o que de fato isso significa. A verdade é que existem diversos caminhos para alcançar os mais altos níveis de consciência. Cabe a você escolher com qual você mais se identifica.

A abordagem que vou apresentar aqui é a que eu sigo e que tem funcionado para mim, por ser de fácil entendimento e aplicação no dia a dia.

Expandir a consciência significa aumentar a percepção da realidade, com novas perspectivas e clareza dos pensamentos, sentimentos e vibrações, do "quem sou" e de tudo que rodeia o ser. É o entendimento de como funciona a integração do corpo, mente, emoções e espírito, na sua evolução humana.

Você precisa entender que você não é somente seu corpo, ou só sua mente, ou só seu espírito, ou somente suas emoções. Você é sim um OBSERVADOR do seu corpo, mente, emoções e espírito, que percebe como eles interagem e se integram.

Sendo o observador, você aumenta a percepção de como corpo, mente, emoções e espírito se conectam, vibram e se comunicam. Com isso, passa a ter maior consciência do que acontece com você e com o todo ao seu redor.

Mas por que isso é importante? Bem, as principais partes do ser humano, corpo, mente, emoções e espírito, têm papel fundamental na nossa existência e nos influenciam diretamente no pensar, sentir, falar e agir, moldando quem somos no mundo interior e exterior.

Se quisermos fazer uma mudança duradoura e definitiva na nossa vida, precisamos inovar para integrar essas partes.

Mente, corpo, emoções e espírito têm que estar alinhados para que a meta a ser atingida tenha resultado duradouro. Com esse alinhamento, podemos literalmente "fazer o impossível acontecer".

Outra pergunta que surge é: "Até onde é possível expandir a consciência humana?".

O nível máximo de expansão de consciência é o que te levará à iluminação, como Buda conseguiu.

> **ILUMINAÇÃO:**
> O nível mais alto da consciência humana, onde a humanidade se confunde com a divindade.
> Iluminação, como diziam os antigos mestres, é a união do ser com o todo. O fim do individualismo.
> O fim do eu. Fim do ego. O homem transcendental.

Trata-se de algo extremamente raro. Só o fato de pensar sobre pessoas desse nível pode fazer com que você aumente seu nível de consciência. É aqui que acontece o estado da "consciência elevada", também conhecido como "superconsciência". Você vê o mundo como ele realmente é, com unicidade, o que é indescritível.

No entanto, o objetivo aqui é orientar para que você atinja seu próximo nível de expansão da consciência. Você irá encontrar a melhor forma de utilizar corpo, mente, espírito e emoções, de forma integrada, para alcançar sua realização maior na vida, alinhada com sua busca de evolução contínua.

## Corpo

O corpo possui mais de 500 bilhões de células, que são constantemente renovadas. Os cientistas já descobriram que o corpo substitui as células de tempos em tempos e que, portanto, as células de hoje são completamente diferentes das de alguns anos atrás. Mas, por que isso importa? Porque guardamos memórias nas nossas células, memórias de comportamento, pensamento, emoções, entre outras.

Podemos criar mais memórias funcionais positivas e empoderadoras nelas, de forma que as novas células tenham as informações e instruções necessárias para alcançar a transformação desejada.

Sendo as células capazes de transformar nosso corpo dessa maneira, então também podem mudá-lo da maneira que queremos, dependendo das instruções que damos a elas.

Daí a importância de criarmos rotinas e rituais, tanto para uma vida mais saudável, como para hábitos relacionados às emoções e comportamentos.

Para eliminar os hábitos, comportamentos e emoções que não queremos, precisamos enviar novas instruções às células. Fazemos isso através dos novos pensamentos, que são os criadores da programação das células pelas memórias, significados e instruções.

Os novos pensamentos podem transformar as informações enviadas anteriormente, e reprogramar as novas células.

## O poder das palavras e dos pensamentos

Existe um estudo, do Dr. Masaru Emoto, "A mensagem da Água", que mostra que a estrutura molecular da água se modifica quando exposta a sentimentos e pensamentos.

Quando os sentimentos são positivos, como amor, gratidão e felicidade, a água forma cristais bonitos. Quando exposta a sentimentos negativos, como ódio, rancor e ofensa, forma cristais deformados, ou mofa e escurece.

Como isso nos afeta? Pelo fato do nosso corpo ser composto por mais de 75% de água. Nutrimos o corpo com os sentimentos e pensamentos que mantemos, da mesma forma mostrada no estudo do Dr. Masaru Emoto.

É muito importante mantermos os nossos pensamentos na vibração energética mais positiva possível, porque isso afetará diretamente o corpo.

Resumindo, seu corpo hoje é um reflexo direto dos seus pensamentos. Todos os seus pensamentos são manifestações das coisas às quais você deu atenção durante a vida, o seu foco. O seu corpo é, portanto, reflexo das suas memórias, ideias, emoções, pensamentos e sentimentos.

Toda informação de experiência de prazer faz com que suas células se nutram de elementos positivos e você sinta o corpo revigorado. O mesmo acontece inversamente quando você acumula experiências de dor e sofrimento, fazendo o corpo sentir a energia drenada. Tudo acontece no âmbito molecular.

## Mente

A mente guarda memórias ao longo da vida, da mesma forma que o corpo. São os significados das histórias que vivemos que alimentam os pensamentos e, através deles, os sentimentos e emoções.

Na mente, esses pensamentos são recebidos como ondas e impulsos energéticos, com as informações armazenadas nas moléculas. Essas moléculas influenciam a estrutura das células e, portanto, a base da nossa realidade.

A frequência eletromagnética, enviada pelos seus pensamentos junto com os sentimentos, transmite as ondas que vibramos e atraímos.

Se você tem pensamentos positivos, com sentimentos positivos, você atrairá mais pessoas, eventos e circunstâncias que estejam alinhados a esses tipos de vibração, e isso a física quântica comprova.

## Espírito

Quando falo do espírito, falo da parte imortal, que nos conecta com o divino, com o Universo. É a parte que sentimos no coração, a grande parcela do que entendemos ou intuímos ser o nosso propósito, a essência e o valor da nossa existência.

O seu espírito é inteligente e tem muitas informações de energia e vibração. Ele está em estado constante de SER, e tem todas as respostas e insights que procura. O espírito está conectado a uma consciência maior de criação, a consciência não local, que conecta tudo e todos com o Universo e além, por isso ele é considerado multidimensional.

O espírito é o que dá acesso à intuição através dos níveis de consciência em que vibramos. Ao manter a vibração energética positiva do corpo, mente, emoções e espírito, a conexão com você mesmo aumenta e, portanto, aumenta também a intuição.

# Emoções

Entender as emoções e sentimentos de forma consciente e aprender a ter controle sobre elas é o que fará você ter melhores experiências. O resultado é viver uma realidade mais feliz, alinhada com a sua verdade interior.

Todas as emoções e sentimentos enviam vibrações magnéticas, e o reino sutil funciona com a ressonância do que vibramos. Para isso, é preciso mudar o tipo de vibração que você está enviando, mudar o que está sentindo, elevar os sentimentos. A gratidão se torna uma maneira prática de elevar rapidamente as suas vibrações.

Gratidão é um dos sentimentos mais poderosos, por possuir vibração altíssima. É capaz de transmutar, curar e limpar todos os sentimentos de sofrimento, dor, medo, culpa, apatia e tristeza.

Nos impactar dessa forma porque, quando nos sentirmos gratos, seja a alguém, a uma situação ou ao Universo, acionamos vários outros sentimentos de vibração elevada juntos. A gratidão traz os sentimentos de compaixão, aceitação, prazer, razão, amor, alegria e paz, podendo levar inclusive à iluminação.

Mas o que acontece é que flutuamos em relação aos sentimentos e emoções durante o dia. Ao estarmos conscientes de que as emoções e sentimentos que vivemos agora estão enviando vibrações magnéticas e que isso trará experiências de vida atreladas a essas emoções, podemos então escolher melhor as emoções e experiências que queremos ter.

Infelizmente, você não tem como controlar as vibrações das outras pessoas, pois cada um está emitindo sua própria vibração com base nas circunstâncias ou situações que estão observando ou vivendo.

Resumindo, toda vez que pensamos, lembramos, imaginamos ou visualizamos alguma coisa, atrelamos um sentimento a isso e então emitimos uma vibração eletromagnética, correspondente à combinação dos pensamentos (vibração elétrica) e das emoções e sentimentos (vibração magnética). Tudo isso se harmoniza de forma a se mostrar na sua realidade.

> **DESAFIO**
> Você percebe a correlação entre o que está acontecendo no seu mundo exterior (mente/pensamentos)
> e o seu mundo interior (emoções/sentimentos)?
> Qual pensamento e sentimento você pode mudar para manifestar algo mais positivo na sua vida?

Ao correlacionar mente/pensamentos com emoções/sentimentos e perceber as manifestações que acontecem a partir deles, você passa a ter consciência do controle que tem sobre sua realidade. Escolher um pensamento que traz um bom sentimento é o que provoca a mudança da realidade. Você só consegue atrair os pensamentos que estão dentro da sua escala vibracional, do seu nível de consciência.

# Hierarquia da consciência

*"Se você quiser descobrir os segredos do Universo, pense em termos de energia, frequência e vibração."*
Nikola Tesla

Existem níveis de hierarquia de consciência, que variam dos níveis de vibração mais baixos, como a vergonha e culpa, até níveis de vibração mais elevados, de bem-aventurança, alegria e felicidade.

O Dr. David Hawkins, médico psiquiatra e espiritualista, publicou vários livros. Um deles, "Poder contra força: uma anatomia da consciência - Os Determinantes ocultos do comportamento humano", explica como ele fez a medição e a determinação dos níveis de consciência dos seres humanos.

Os estudos utilizaram a Cinesiologia e relacionaram os níveis de consciência em estratificação, de maneira similar às estruturas dos chacras do Yoga e dos lataif do Sufismo.

Com a Cinesiologia, as mentes conscientes das pessoas são isoladas para receber respostas claras diretamente das suas mentes inconscientes.

A mente inconsciente:

- Armazena memórias e vibrações eletromagnéticas dos pensamentos e sentimentos;
- Controla o sistema nervoso involuntário, que administra sistemas individuais como respiração, digestão e metabolismo; e
- Conecta-se com a mente global, ou inconsciente coletivo global.

Os estudos feitos foram testes mecânicos muito simples, nos quais um facilitador conduz o teste com um indivíduo. No meu exemplo, vou chamar o indivíduo de João.

João fica de pé, com os dois pés juntos. O facilitador faz então uma afirmação simples: "Você se chama João". Neste momento, o corpo de João tende a se inclinar para frente, então a resposta da mente inconsciente da pessoa é afirmativa. Se o facilitador mudar a afirmação, e afirmar "Você se chama Pedro", o corpo inconsciente responde se inclinando para trás, mostrando que essa afirmação está errada. [Observação: às vezes a resposta pode ser invertida, ao invés de ir para frente, ir para trás e vice-versa, dependendo da polarização em que a pessoa se encontra].

A Cinesiologia também é utilizada no *Thetahealing*, uma técnica de cura energética para transformar padrões de crenças, comportamentos e pensamentos que estão guardados em vários níveis de consciência e que estão impedindo o progresso pessoal e espiritual.

A mente inconsciente sabe que não somos apenas o nosso "corpo e mente", ela sabe do nosso potencial divino e universal.

Os 3 grandes grupos de níveis de consciência.

- Consciência Espiritual & Expandido. Sentimento e Vibração: AMOR
- Consciência Moral - Ética
- Consciência do Medo & Retraído. Sentimento e Vibração: MEDO

Pelos 3 níveis passam os sentimentos de vergonha, culpa, apatia, tristeza, medo, desejo, raiva, orgulho, coragem, confiança, neutralidade, vontade, aceitação, compaixão, prazer, razão, amor, alegria, paz e iluminação espiritual.

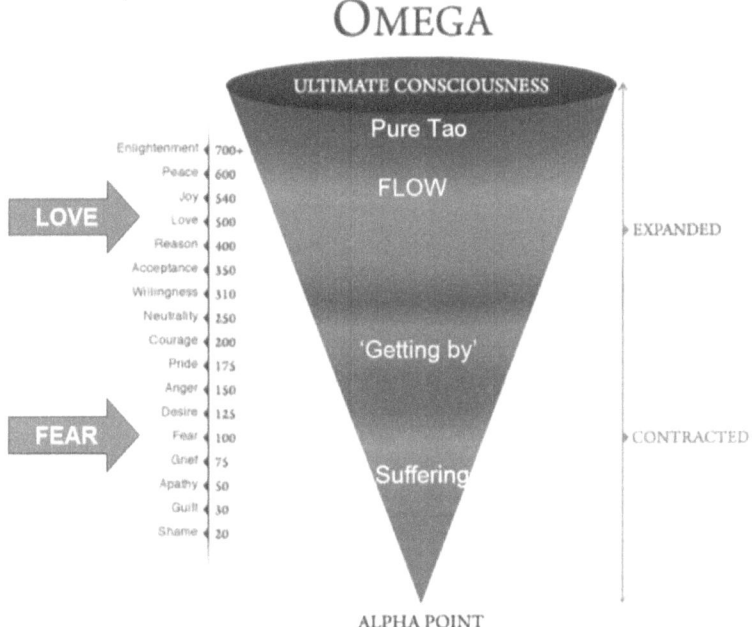

De acordo com a classificação do Dr. David Hawkins, o nível crítico é 200, onde fica o nível da coragem. De acordo com ele, o planeta está vibrando num nível de consciência um pouco acima disso, e continua em escala ascendente, o que evita que entremos em um processo de autodestruição.

Ao expandirmos a consciência, ajudamos o planeta para que todos tenham uma qualidade mais elevada de mente coletiva. É como se, coletivamente, tivéssemos uma missão maior de expandir nossa consciência para vibrarmos mais amor em vez de medo. Mais pessoas vibrando amor, mais vamos atrair amor, e esse processo se torna contagiante.

Transitamos entre os níveis de consciência durante toda a vida, porém tendemos a permanecer por mais tempo em alguns níveis, dependendo do contexto e momento de vida em que estamos inseridos.

Independentemente de onde estiver vibrando, você irá atrair pessoas, situações e contextos alinhados com a frequência em que tende a permanecer por mais tempo durante os dias, meses ou anos.

Uma ótima forma de identificar seu nível de consciência tem a ver com como você responde a situações sob pressão.

**DESAFIO**
*Consciência da sua vibração.*
Como eu me comporto em momentos de extrema pressão? Quais são meus pensamentos mais frequentes? Quais os meus sentimentos em relação a esses pensamentos?

Com as respostas das perguntas acima, perceba os principais sentimentos que predominaram em cada uma das respostas. Essa é a sua vibração predominante.

## A vibração dos sentimentos

Os sentimentos e os níveis de vibração e frequência emitidos por eles, conforme a classificação do Dr. David Hawkins, foram relacionados abaixo. Podemos sempre flutuar entre um sentimento e outro, isso é normal, mas identificar aquele que é mais constante na sua vida trará uma clareza sobre os tipos e padrões de situações e relacionamentos que são atraídos para você. Desenvolver o sentimento com vibração superior pode se tornar a sua meta de evolução, se você estiver disposto a ir para o seu próximo nível.

## Iluminação (700 Hz)

É a frequência em que se atinge a iluminação e a unicidade com o Universo. É o fim do individualismo, do ego. Até mesmo pensar em pessoas desse nível já pode fazer com que você aumente seu nível de consciência.

## Paz (600 Hz)

É o nível da transcendência, não existe mais ego. De acordo com o Dr. Hawkins, somente uma em 10 milhões de pessoas alcança esse nível.

## Alegria (540 Hz)

Este é o estado de felicidade inabalável. Começa o desapego pela vida material. Há alto nível de espiritualidade, com energia radiante e grande expansão de consciência. A pessoa age guiada pela intuição.

## Amor (500 Hz)

Nesse nível não existe mais o ego, somente o amor incondicional, onde tudo que se faz é para um bem maior.

## Razão (400 Hz)

Nível da consciência dos mestres, onde se é desapegado de tudo. A pessoa enxerga o mundo como um todo conectado, não existe mais sofrimento por causas externas. Não segue o status quo.

## Aceitação (350 Hz)

Grande mudança de crenças. Expansão de energia. Nesse nível, a pessoa quer utilizar suas habilidades para fazer diferença no mundo. Consegue perdoar facilmente.

## Disposição (310 Hz)

Nesse nível, a energia é utilizada de forma mais eficiente. Não existe reclamação, e a vida fica mais organizada.

## Neutralidade (250 Hz)

As crenças são flexíveis, há mais desapego e mais felicidade. Independentemente do que acontecer, a pessoa se mantém firme na posição, sem a necessidade de provar nada. Está segura e convive bem com as outras pessoas.

### Coragem (200 Hz)

O ego ainda prevalece, mas já começa a haver uma vida fora de si, pensando mais nos outros. O otimismo sobreleva e a espiritualidade começa a aflorar.

### Orgulho (175 Hz)

Este nível é diretamente influenciado pelas circunstâncias externas como dinheiro, poder e fama. Este estado leva ao nacionalismo, racismo e guerras religiosas. Um ataque às suas crenças vira um ataque pessoal.

### Raiva (150Hz)

Este é um sentimento muito forte de frustração, podendo ficar escondido ou ser exposto em um momento de fúria, que também pode causar culpa e vergonha, pois a pessoa se sente mal por não ter conseguido controlar suas emoções. Uma forma de lidar com a raiva é, por exemplo, canalizá-la em atividades como praticar exercícios físicos ao ar livre.

### Desejo (125 Hz)

Nível onde a pessoa possui grande desejo material, alimenta os vícios e a luxúria. É consumista, e se não compra fica impaciente e ansiosa.

### Medo (100 Hz)

Há insegurança em relação às questões da vida. Pode ter paranoia e preocupação em excesso. Geralmente necessita de ajuda para superar e sair desse estado. Medos e crenças limitantes geram pouca qualidade de vida.

### Dor / Sofrimento (75Hz)

Tristeza extrema, principalmente diante de perder. O sofrimento transforma a pessoa e a tira do estado apático.

## Apatia (50 Hz)

Perda da esperança. Assunção de posição de vítima. A pessoa nesse estado não consegue agir perante os desafios da vida.

## Culpa (30 Hz)

Tem vibração mais alta que a vergonha, pois exige a ação. A pessoa neste nível cria muito pouco, faz papel de vítima, culpa tudo e todos pelo seu insucesso. Vive no passado. A religião alimenta o sentimento de que é pecadora.

## Vergonha (20Hz)

É a vibração mais baixa que podemos emitir. A vergonha impede a convivência social, inibindo a obtenção de experiências na vida, dificultando aprendizado e a própria evolução. De forma amena, é manifestada como timidez. Em um nível extremo, a pessoa quer desaparecer, sentindo ódio de si mesma.

E fazendo um paralelo entre os níveis de consciência, incluindo também os tipos de sentimentos predominantes, podemos ter uma maior clareza do impacto de tudo isso na nossa vida:

## Exponencial

Estado de consciência em conexão com o todo, do *FLOW* ao TAO. Sentimentos na VIBRAÇÃO DO AMOR (paz, alegria, amor). [>500Hz]

## Hedônico

Estado da consciência em conexão com você mesmo. [310-400 Hz]. Sentimentos na VIBRAÇÃO DO AMOR (razão, aceitação, disposição).

## Vazio

Estado vazio. Estado da consciência da mente. Conexão com o externo. Sentimentos na VIBRAÇÃO NEUTRA (neutralidade, coragem, orgulho, raiva). [150-250 Hz]

## Sentidos

Estado sutil. Conexão com o externo. Estado de consciência dos sentidos (audição, olfato, paladar e tato). Percepção limitada, física e material. VIBRAÇÃO DO MEDO (desejo/vício, medo, dor/mágoa). [75-125 Hz]

**Contraído**

Estado de consciência bruta, física. Conexão com o externo. Percepção finita. VIBRAÇÃO DO MEDO (apatia, culpa, vergonha). [< 50 Hz]

# Como elevar o nível de consciência?

Ir para o próximo nível de consciência requer dedicação e esforço, para manter os pensamentos e sentimentos nos níveis mais elevados e positivos. Mesmo experiências temporárias de expansão de consciência podem te levar à clareza de como manter o nível de consciência mais elevado, o que cada vez mais trará mudanças positivas na sua vida.

É possível elevar o seu nível de consciência de várias maneiras, como:

**1. Meditação**

Praticar a meditação, independentemente do estilo, traz consciência do momento presente, quando nos tornamos observadores de nós mesmos, de como nos comportamos e das situações que atraímos. Com essa percepção, podemos passar para a etapa seguinte, que é ver como nossos comportamentos e emoções reagem à frente dos obstáculos, e como podemos transformá-los de forma duradoura para darmos o próximo passo em direção ao próximo nível.

**2. Fluir com as estações e os ciclos da vida**

Ao observar a natureza, sejam as marés ou a lua, percebemos os ciclos, fases e padrões em cada estação. O mesmo acontece com a vida. Transformação é uma parte natural da vida, é um importante componente para a evolução humana. Quando nossa natureza está em harmonia com esses ciclos, fluímos sem esforço. Entender o caminhar pelas estações nos ajuda a entender nossa evolução na vida, o que aprendemos, como crescemos, como chegamos aos níveis atuais e como chegaremos aos níveis mais elevados.

### 3. Viver o seu propósito maior

O Universo conspira a favor de todos os que estão alinhados com a sua essência, seu espírito, porque estão diretamente alinhados com o que "são". Para sua vida fluir de forma fácil e feliz, faça o que de fato você ama, aquilo que alimenta sua essência. O Universo com certeza irá te suprir com tudo que você precisar, para que você atinja sua realização maior.

### 4. Natureza e conexão com Universo

Uma das melhores formas de se nutrir com a fonte de energia mais pura do planeta é através do contato com a natureza. Independentemente de ir para o campo ou a praia, estar em contato com plantas, mar, cachoeira, areia, pedras, onde a natureza ainda não foi destruída pelo homem, te traz um *boost* de energia revigorante. Entre em contato com a natureza sempre que puder, ou sempre que sentir que a sua energia está precisando de uma recarga. A energia da natureza limpa e recarrega todos os seus corpos imediatamente.

### 5. Evolução, ser eterno aprendiz

Ter o foco na sua evolução é o que torna o indivíduo um eterno aprendiz, não por obrigação, mas pelo *mindset* de evolução. Ir para o seu próximo nível exige garra, esforço e determinação, e é recompensador.

### 6. Felicidade, otimismo e entusiasmo

Ser feliz, ver a vida de forma otimista e com entusiasmo nos renova e mantém nossa energia e vibração elevadas. Pessoas otimistas, felizes e que possuem entusiasmo entram mais facilmente no estado de *flow* com a vida, além de terem relacionamentos pessoais mais positivos, serem mais produtivas no trabalho, terem uma fé inabalável e esperarem sempre pelo melhor.

**7. Não reclamar**

Não gaste seu tempo reclamando das situações passadas e nem fique se preocupando com o futuro. Quando necessário, lembre-se das experiências com gratidão, ou como oportunidades de aprendizado. Se houver algum problema ou situação que te traga aborrecimento, foque somente no fato. Sendo possível encontrar uma solução, foque nela. Caso o fato não tenha solução, aceite as coisas como elas são e siga em frente.

# A jornada exponencial

A jornada exponencial traz uma motivação, um entusiasmo e um fascínio únicos. A resistência inicial ao escolher esse caminho é substituída pelo fascínio e pela adrenalina, pelo sentimento de entrega ao trilhar o caminho desconhecido e único, só seu.

É o caminho que você escolhe e vai trilhando da sua maneira, decidindo se vai para a direita ou a esquerda e se vale a pena dar uma paradinha para conhecer e apreciar algo incrível, que surge na caminhada.

A transcendência do que é ou tem que ser desaparece no minuto em que se está presente 100% no aqui e agora, seguindo o TAO, confiando na entrega e na conexão maior do seu caminho com o do Universo. O TAO ensina que cada um guarda em si todas as respostas, e o caminho é buscá-las durante a jornada. A grande visão de longo prazo da vida é a grande inspiração para você mesmo, e para os outros que percebem, pelo seu exemplo, que é possível viver uma vida de acordo com os seus termos e suas regras.

Muitos irão te olhar e te julgar. Essa talvez seja a parte mais difícil da jornada da vida com consciência. Alguns irão te dizer: "Quem você pensa que é?". Outros irão pensar: "Mas você se acha, não é?". E tudo isso porque existe um medo social.

Esse medo tem várias caras: o medo de que você se dê bem, e com isso a pessoa passe a se sentir inferior. Medo de que você sofra, o que a pessoa quer evitar, mas isso porque ela mesma, não se sentindo capaz, acha que você também não é capaz. Medo de que você possa perder dinheiro e, com isso, possa vir pedir dinheiro para ela, enfim, várias possibilidades, vários medos e limitações. Cabe a você se distanciar do que não faz sentido para você.

No entanto, o julgamento não para por aí, na verdade, o julgamento aumenta conforme você começa a ter sucesso. No começo, as pessoas são descrentes, mas, conforme o seu sucesso aparece, elas começam a te aplaudir, e dizer que sempre souberam que você iria prosperar.

Existem outros contextos, até mesmo malévolos, a exemplo dos *haters*, que simplesmente se trata de pessoas que nunca vão gostar de você ou do que você faz. Essa rejeição que surge de forma pública, muitas vezes, é um reflexo direto de sonhos e desejos, que eles, os *haters*, também possuem, mas se sentem incapazes de realizar.

O que os *haters* não percebem é que eles também são capazes, e podem ter tudo o que quiserem, se escolherem também viver uma vida com consciência, uma vida exponencial.

Qualquer pessoa comum, assim como eu e você, pode viver uma vida exponencial, se assim escolher. Não é que nunca mais haverá desafios. A diferença é que, quando eles aparecerem, serão superados mais fácil e rapidamente. Somadas a isso, as recompensas do esforço e masterização da consciência, maestria e realização com certeza farão essa escolha valer a pena.

E para superar mais facilmente e rapidamente os desafios durante a jornada exponencial, estas dicas vão te ajudar: masterizar autodisciplina, *accountability*, resiliência, saber pedir ajuda e manter a sua mente e fé inabaláveis.

**1. Autodisciplina**

Autodisciplina para superar as limitações e acelerar os aprendizados necessários direciona o foco, e potencializa o "ir para ação", para atingir as metas, sabendo em que persistir e quando buscar novas perspectivas. A autodisciplina se aplica inclusive em relação aos seus rituais diários, principalmente para viver no momento presente, no aqui e agora, pois o "agora" é o único momento em que podemos fazer algo que gere impacto.

## 2. *Accountability*

Trata-se de assumir responsabilidade de forma ética, fazendo o que é certo desde o início, em todas as decisões e ações. É ter autorresponsabilidade e comprometimento 100% com você mesmo. Pensar "como dono", afinal, dar desculpas é uma forma imatura de lidar com as situações, decisões e escolhas. Assumir a autorresponsabilidade é assumir o controle da sua vida e destino, porque a vida é feita a partir de você.

## 3. Resiliência & paciência

Independentemente do caos e das adversidades, a resiliência e a paciência irão te ajudar a não desistir ou se desviar das suas metas. Também estimulam a buscar perspectivas e soluções alternativas, sempre seguindo em frente, com atitudes alinhadas e com foco na solução.

## 4. Saber pedir ajuda

Pedir ajuda não significa ser fraco ou incompetente, aliás, é preciso ter grande coragem e clareza da necessidade para fazê-lo. Eu sei que pedir ajuda nos deixa vulneráveis e muitas vezes não é confortável nos sentirmos nessa situação. Porém, aceitar a vulnerabilidade e aprender a ser flexível é positivo porque permite avançar. Sem pedir ajuda, você demora mais a aprender, tem menos produtividade, comete mais erros e gasta mais tempo e dinheiro. Pedir ajuda permite otimizar todos esses elementos.

## 5. Mente e fé inabaláveis

Meditação e respiração consciente são ferramentas simples e fáceis de incluirmos nas nossas rotinas, para conquistarmos mente e fé inabaláveis.

Viver no momento presente, no aqui e agora. Essa é a ferramenta mais poderosa que podemos desenvolver, tornando as nossas decisões mais assertivas, com a mente inabalável, e alinhadas com a nossa essência e verdade interior, com a fé inabalável.

Somente no "agora" podemos fazer melhores escolhas, tomar melhores decisões, direcionados ao nosso projeto de vida com propósito, com verdadeiro significado, inclusive impactando positivamente as pessoas, se esse for o nosso desejo. Em nenhum outro momento que não seja o "agora" podemos fazer isso.

Acredito que nós falamos com Deus pela oração, e que Deus fala com a gente pela intuição. Fé é algo que não pode ser visto, somente sentido. É sobre acreditar em algo maior, algo que traga um sentido e significado interno. É crer no poder da criação, que tudo tem uma razão para existir e que tudo e todos nós estamos conectados de alguma forma. A meditação é a melhor forma de ouvir a sua intuição.

Quem tem perseverança e comprometimento consigo mesmo simplesmente acredita que pode fazer tudo o que quiser, quer seja viver o seu projeto de vida com propósito, ou impactar positivamente o mundo, deixando a sua marca e construindo o seu legado.

# A Inovação do Ser Acelerando a Evolução

> *"Podem ser encontrados aspectos positivos até nas situações negativas, e é possível utilizar tudo isso como experiência para o futuro, seja como piloto, seja como homem."*
> Ayrton Senna

A jornada de evolução com consciência é algo que qualquer pessoa pode escolher, se perceber que a vida linear não faz mais sentido. Apostar em um futuro que pode ser criado a partir dos seus sonhos, objetivos, habilidades e dons únicos pode ser a melhor decisão se houver o comprometimento com você mesmo e com a vida que você quer criar.

O seu grande comprometimento com o seu projeto de vida com propósito será a força movedora para você fazer a inovação do seu ser, necessária para você se transformar na sua melhor versão, a sua versão mais completa e alinhada com a vida que você quer viver.

A consciência traz a necessidade da inovação, que é uma transformação dos pensamentos, sentimentos, condicionamentos, crenças e padrões que já não servem mais para você e nem se encaixam na vida que você quer criar. Todo mundo já se sentiu emocionalmente ferido em algum momento da sua vida.

A maioria desses sofrimentos estão lastreados em diferentes tipos de sentimentos, como rejeição, remorso e ressentimento, que acumulamos durante a nossa vida, criando uma fragmentação do nosso corpo emocional.

Quando estamos no medo, nos sentindo marginalizados, rejeitados, abandonados, excluídos ou ignorados. Principalmente se isso é originado pelas pessoas com quem mais contávamos, como nossos pais e familiares, nos tornamos pessoas facilmente controladas e manipuladas. Isso porque foi criado um "buraco negro emocional", que geralmente começa na infância e que na fase adulta se torna uma necessidade que precisa ser preenchida para nos sentirmos valorizados, amados e aceitos.

Eliminar o medo, o buraco negro e todas as suas ramificações que geram o complexo de inferioridade se torna o principal foco, para te colocar de volta, em conexão com a sua essência e na direção do seu verdadeiro propósito, com maior leveza e autenticidade.

Atrelar o seu melhor futuro possível a uma missão para impactar positivamente várias pessoas o fortalecerá ainda mais e trará o significado e o "algo maior" do que você mesmo para te manter na sua jornada de evolução, com o seu projeto de vida com propósito.

Se conhecer, saber o que é importante para você, não reclamar, não culpar o outro, assumir a responsabilidade e transformar os conhecimentos adquiridos em sabedoria de forma consciente e a seu favor, tudo isso pode ser masterizado. O domínio de tudo o que afeta o seu mundo interior pode ser otimizado a partir do momento em que você traz a consciência dos seus pensamentos, sentimentos e ações.

Masterizar a sua autoconsciência, o Estágio 3, da inovação do ser, é o seu próximo passo depois do despertar da consciência. Trabalhar em grande parte na liberação dos três grandes "R's" que podem destruir qualquer vida - rejeição, ressentimento e remorso - se torna o grande foco desse estágio.

Os principais sentimentos envolvidos neles são:
- **Remorso**: culpa, pesar, vergonha e arrependimento;
- **Rejeição**: medo, sofrimento, carência, apatia e inércia; e

- **Ressentimento**: raiva, dor, mágoa e orgulho.

Esses três grandes "R's", quando alimentados por muito tempo, podem levar à depressão crônica, à paranoia e à síndrome do pânico, tornando-se muito mais difíceis de serem curados.

Mas, como para quase tudo existe uma contraparte, há também os três "ÃO's" que podem salvar vidas: aceitação, perdão e gratidão.

- **Aceitação**: aceitar quem somos, de maneira integrada, aceitando a nossa luz e sombra, para nos tornarmos completos;
- **Perdão**: saber perdoar a nós mesmos e também aos outros, aprendermos a sermos bondosos sempre; e
- **Gratidão**: sermos gratos por tudo o que temos, por tudo que vivemos, pois tudo serve como aprendizado para nos tornarmos a nossa melhor versão.

A principal consciência que precisa ser atingida dentro do estágio da inovação é a de auto-amor e autoaceitação. Com essa consciência, podemos desenvolver a inovação do ser, através da integração das nossas próprias luz e sombra.

A nossa luz são todas as nossas qualidades, atributos e características que gostamos em nós mesmos. Já a sombra é o oposto, é aquela parte de que não gostamos, que rejeitamos, escondemos ou fingimos não existir.

O grande benefício em desenvolvermos a inovação do ser é que, ao conseguirmos nos tornar a versão mais completa de nós mesmos, sem autorrejeição pelo que não gostamos em nós, quer seja a nível consciente ou inconsciente, eliminamos o principal elemento que impede as grandes realizações na vida: a autossabotagem.

Somente quando temos consciência de quem somos, com autoaceitação 100%, paramos então de criar contextos de autossabotagem. A partir daí, aceleramos nossa jornada de evolução com consciência e o desenvolvimento da automaestria.

A consciência de "quem somos" é conquistada em camadas. Cada vez vamos a níveis mais profundos e complexos, porém, existem quatro grandes fatores que impactam todas as nossas escolhas, decisões e, portanto, a direção do nosso destino na vida, que são:

- Necessidades humanas;
- Crenças e condicionamentos;
- Valores; e
- Controle emocional.

A masterização desses quatro elementos ajuda a direcionarmos a vida no rumo que escolhemos, de forma mais assertiva e potencializando a autorrealização.

## As necessidades humanas

"Por que fazemos o que fazemos?" Essa é uma pergunta antiga e muitos filósofos já discorreram sobre ela.

Anthony Robbins resume em seis as principais necessidades humanas que agem como forças que determinam a qualidade de vida e impactam nosso destino.

Essas necessidades humanas, que eu chamo também de forças, têm impacto tão grande de nos mover, a ponto de poder, em algum momento específico e de grande adversidade, anular valores que temos como certos. Isso é importantíssimo, pois os valores nos guiam durante a maior parte do tempo, influenciando as nossas decisões no dia a dia.

As forças são:

- **Estabilidade:** necessidade de atender às necessidades básicas da vida, como: moradia, alimentação, etc;
- **Motivação/paixão:** ter um propósito, algo que nos motive a seguir em frente e que nos dê paixão pela vida;

- **Significância:** necessidade de sermos especiais e importantes para uma pessoa, sermos reconhecidos;
- **Pertencimento:** necessidade de se sentir amado, conectado a uma pessoa, ideal, valor, hábito;
- **Evolução contínua:** necessidade de crescimento e evolução contínua como ser humano, sempre buscando o próximo nível;
- **Contribuição:** necessidade de compartilhar o bem-estar com outras pessoas. A plenitude espiritual, independentemente da crença ou credo, só é conquistada quando compartilhada com os outros, deixando um legado para a humanidade. Essa contribuição pode ser feita de várias formas, desde a dedicação de algumas horas ajudando alguém que precisa, até fazendo uma caridade, ou se dedicando a um projeto social com que a pessoa se identifique.

Todos nós temos pelo menos três dessas forças que são as nossas prioridades e, se elas forem ameaçadas, podemos reagir nos polos positivo, neutro ou negativo.

Se pegarmos o exemplo da força de estabilidade e imaginarmos um pai de família que está desempregado, veremos que, apesar dessa força ser importante, ela está desestabilizada, agindo em seu polo negativo.

Num momento mais crítico, existe a possibilidade desse pai roubar para dar comida ao seu filho e, neste caso, por mais que ele tenha valores consolidados a respeito de ética e integridade, num momento adverso da vida em que a força (estabilidade) está em conflito com os valores (éticos), o que pode acontecer é a força ser maior que o valor.

Esse exemplo é só uma referência para entender a importância dessas forças nas nossas vidas e os impactos que elas podem gerar.

Ter conhecimento dessas forças e de como elas atuam nos ajuda a alinhar e antecipar situações que poderiam nos prejudicar ou favorecer, afinal, sempre procuramos satisfazer nossas necessidades.

Durante a vida, mudamos as prioridades das forças e necessidades humanas, sendo que, ao mudá-las, podemos transformar totalmente nossa vida.

Podemos atender às necessidades humanas de 2 formas: positiva ou negativa.

No quadro abaixo, dou um exemplo de como as necessidades podem ser atendidas no polo positivo e negativo.

| Necessidades Humanas | Positivo | Negativo |
|---|---|---|
| Estabilidade e Segurança | Equilíbrio em todas as áreas | Perde emprego e rouba |
| Motivação e Desafios | Estimulado pela liberdade, sem impor ao outro | Aventureiro – não consegue criar vínculos |
| Reconhecimento, Ser Especial | Sabe agradecer | Agrada além do necessário. Faz favor. |
| Conexão, Pertencimento | Sabe dar amor como o outro quer receber, forma, qualidade e quantidade | Dá muito amor, sufoca o outro |
| Evolução Contínua | Busca a evolução em todas as áreas da vida | Foca somente na evolução espiritual |
| Contribuição | Dá de forma equilibrada, sem gerar complexo de inferioridade no outro | Dá aos outros sem ter |

**DESAFIO**
*Identificando as necessidades humanas*
Quais são as necessidades humanas que você mais valoriza? Quais são as consequências de valorizar as necessidades nessa ordem? Para fazer uma verdadeira transformação na sua vida, quais devem ser as duas principais prioridades?

## As crenças

Você é o criador da sua vida!

O Universo é vivo, consciente, compassivo e inteligente. Todas as coisas estão relacionadas umas com as outras e tudo está em conexão.

Portanto, a intenção que colocamos na criação do nosso mundo é o que de fato irá se manifestar. Por isso, o cuidado de desejar que algo aconteça para o seu bem mais elevado e o bem maior.

A crença influi diretamente na criação do nosso mundo. Muitas vezes desejamos algo, mas criamos contextos de autossabotagem. Isso geralmente acontece porque, apesar de querermos algo, nosso subconsciente possui alguma crença limitante, que nos impede de conquistar o que queremos.

A crença empoderadora é o que nos fortalece e nos move para frente. A crença empoderadora é o oposto de uma crença limitante.

## Exemplos de crenças

| Crença limitante | Crenças empoderadoras |
| --- | --- |
| Eu não mereço ser rica | Eu mereço toda a abundância na minha vida |
| Eu sou uma vítima | Eu sou a força do amor divino em mim |
| Eu não consigo viver sozinha | Eu me sinto completa e respeitada |
| Eu devo sofrer para aprender | Tudo que eu aprendo é com alegria e amor |
| Eu odeio a minha família | Eu sei qual é a sensação de perdoar e ser perdoado |
| É egoísmo curar a mim mesma | Deus é Quem Cura, Eu mereço viver com saúde |
| Eu tenho que sofrer para crescer | Eu sei como crescer sem sofrimento |

**Crença limitante:** medo de fracassar

Geralmente, quando buscamos a crença raiz, podemos nos deparar com um sentimento do tipo "o meu pai ou minha mãe é tudo para mim". Isso faz com que exista também a necessidade subconsciente de "provar" para os pais que se é capaz. Senão, você pode ser rejeitado caso não tenha sucesso.

A partir do momento em que você toma consciência da crença limitante, a mesma já perde a sua força.

**DESAFIO**
Quais crenças limitantes produziram consequências negativas na sua vida?
Quais crenças você quer mudar?
Quais os benefícios que você tem com essa crença?
Caso queira abrir mão dos benefícios, que atitude você vai tomar a partir de hoje?

# Os valores

*"Mude seus valores, mude sua vida."*
Anthony Robbins

Os seus valores definem quem você realmente é. Tudo que nos traz importância tem um valor para nós. Temos muitos exemplos ao longo da nossa história de pessoas que, com suas convicções, conseguiram derrubar impérios, como Gandhi. Outros que mostraram uma força impressionante, não pela sua superioridade física ou econômica, mas por seus princípios, ações e fé, que mostraram a força dos seus valores, uma força que vem de dentro, da união da sua mente com o seu coração, ou seja, da sua superioridade moral.

Isso também acontece na nossa vida, principalmente quando lidamos com situações de injustiça e adversidade, momentos em que os nossos valores se tornam os nossos guias, conduzindo os nossos julgamentos, interpretações e ações.

Podemos aplicar isso de forma consciente nos nossos objetivos de vida quando trazemos a clareza dos nossos valores, que são grandes impulsionadores para continuarmos seguindo em frente, com consistência e perseverança.

Os valores são a base de uma jornada de evolução com consciência, direcionada aos seus objetivos de vida, com um propósito mais elevado, para o bem de todos. Para isso, a consciência dos valores, e também o desenvolvimento de novos valores, é o que acelera a sua evolução. Esse processo demonstra um amadurecimento pessoal, fortalecendo a sua individualidade, liberdade e autonomia, que é a base do seu poder pessoal.

Muitos não escolhem os seus valores de forma consciente e, por isso, permanecem estagnados em algum estágio da vida, com uma realização pobre e limitada em relação aos seus potenciais, por falta desta consciência. Com isso, agem de acordo com as convicções definidas pelas figuras de autoridade que estão seguindo, sendo obedientes e jamais questionando a validade desses valores impostos para a sua própria vida.

O medo de questionar, ou de fazer diferente, é maior do que a vontade de entrar em conflito com o que essa autoridade o impõe.

Chega um certo momento que precisamos questionar os nossos valores, entender de que maneira eles estão sustentados e descobrir se eles foram valores que escolhemos e fazem sentido para as nossas vidas e para o que queremos criar. Ou então se são valores assimilados de outros, ou por hábitos ou por tradição, que estão nos limitando de alguma forma.

O desenvolvimento dos valores acontece quando ouvimos a nossa própria consciência e passamos a seguir o que ressoa dentro da nossa essência e que, portanto, acreditamos ser a real verdade, o que faz sentido para nós. A partir deste momento, os nossos reais valores nos tornam mais autênticos, dando maior sentido aos nossos comportamentos, mais alinhados com quem somos. Assim, passamos a ter ações mais coerentes e harmônicas.

Ao entender os valores que priorizamos na nossa vida, criamos então as nossas próprias regras, não mais ancoradas em autoridades externas, e sim, ancoradas no nosso poder pessoal. Respeitando sempre as leis da sociedade, mas vivendo as nossas regras.

Vale saber que, quando pensamos em valores, existem basicamente dois tipos: os valores-meio e os valores-fim. Entender e distinguir os dois tipos é o que nos dá assertividade na hora de tomar uma decisão ou fazer uma escolha consciente e alinhada com a nossa verdade.

Os valores-fim geralmente nos trazem o estado emocional que desejamos, e os valores-meio são os que acionam os estados emocionais que buscamos.

Podemos dizer que "amor" é um valor-fim, já "família" seria o valor-meio para atingirmos o que desejamos, que é o amor. O dinheiro também é um valor-meio para atingirmos o que desejamos, que pode ser segurança ou liberdade, por exemplo.

Os valores-fim são aqueles que realmente prezamos e dos quais buscamos nos nutrir durante a vida. Ter consciência deles é fundamental para aumentar sua qualidade de vida e principalmente afetar a direção da sua vida, em seu projeto de vida com propósito.

Tive um restaurante e meu maior equívoco foi montar um negócio com o qual eu buscava como valor-fim o dinheiro. Se eu tivesse esse entendimento, teria feito minhas escolhas focando o que de fato teria me trazido realização verdadeira. O valor-meio não nos nutre de forma duradoura, já o valor-fim aciona o que desejamos na essência.

**DESAFIO**
*Tendo clareza dos valores que te guiam*

Faça uma lista das coisas mais importantes para você. Pense quais emoções mais lhe proporcionam prazer.

Separe os valores-meio dos valores-fim, lembrando que o que importa e nos nutre a longo prazo é o valor-fim.

Descarte os valores-meio e mantenha somente os valores-fim.

Como a lista precisa ser, em termos de itens e prioridades, para que você alcance sua realização maior?

# Controlar as emoções

> *"Entender os seus próprios sentimentos, ter empatia pelos sentimentos dos outros e controlar as emoções é uma forma de aumentar a qualidade de vida."*
> Daniel Goleman

Uma das grandes características das pessoas de sucesso são as atitudes relacionadas à inteligência emocional. Manter o estado emocional de performance máxima é o que leva ao sucesso e, para mantê-lo nesse nível, você precisa aprender a ter consciência emocional e a gerenciar suas emoções, encontrando uma forma racional e pragmática para lidar com algo tão emocional, instintivo e impulsivo.

O principal motivo pelo qual as pessoas com inteligência emocional têm sucesso é porque elas têm consciência emocional e, com isso, sabem como controlar suas emoções para:

- Ter mais energia
- Ter foco claro e preciso
- Saber endereçar a criatividade
- Saber resolver melhor os problemas
- Ser feliz e assumir riscos
- Saber fazer várias atividades muito bem
- Não desistir facilmente
- Ser energizado por suporte e encorajamento
- Se importar
- Ser apaixonado pelo que faz e se divertir com isso

Daniel Goleman, psicólogo e jornalista do New York Times, no seu livro "Emotional Intelligence", apresentou um modelo de inteligência emocional.

O modelo traz os passos para se ter maior consciência emocional, o que equivale a saber quando os sentimentos estão presentes, nomeá-los com as palavras corretas e, no mais alto nível, saber prever e influenciar as emoções antecipadamente.

Com esse modelo, é possível gerenciar, canalizar e masterizar as emoções para os resultados mais desejados. Com uma alta consciência emocional, o poder das emoções pode ser gerenciado, selecionado e dirigido para a realização das metas e objetivos.

O modelo de inteligência emocional de Daniel Goleman para ter consciência emocional é composto por quatro passos, que são:

**1. Gerenciar as emoções:**

Não reagir. Isso não significa anular a emoção e nem a reduzir, mas sim selecionar a emoção correta, com o nível certo para a situação, para ter o resultado esperado.

**2. Gerenciar a situação:**

O senso de urgência e o propósito do resultado é muito importante. Aqui é quando se ajusta e se aplica a emoção correta para atingir o resultado esperado.

**3. Influenciar as pessoas:**

Este estágio é uma consequência direta dos dois passos anteriores. Se a emoção for equilibrada, todos irão seguir o mesmo padrão. Agora, se a emoção for de pânico, todos reagirão com a mesma aflição.

**4. Resultado desejado:**

O resultado precisa ser claro e específico, para que todos possam então seguir na mesma direção.

# Como controlar as emoções

Novamente a consciência tem um grande papel, para dominar as emoções e utilizá-las a nosso favor. Existe uma pergunta que serve como um gatilho para entender a emoção raiz que desperta todas as reações, que é: "Por que estou sentindo isso?".

Fazer uma reflexão com essa pergunta, quando estiver envolvido em uma situação estressante, pode te ajudar a ampliar a sua percepção em relação aos seus próprios sentimentos e, com isso, reagir de uma forma mais assertiva e a seu favor. Ela pode ser feita em cinco passos, te ajudando a controlar e direcionar as emoções:

**1. Ter consciência:** entender quais são as emoções envolvidas. Esse é um nível de autoconsciência. Reações como ansiedade, falta de concentração, paciência ou foco, são sinais de que existe um sentimento emocional envolvido.

**2. Nomear:** nomear permite que a emoção seja vista e trazida a um nível racional, e não somente emocional. Essa separação entre pensamento e sentimento é muito poderosa.

**3. Aceitar:** essa etapa costuma ser a mais difícil, mas é a mais importante para que o controle emocional aconteça com sucesso. Independentemente de qual emoção está envolvida, aceitá-la, mesmo achando que ela deveria estar ou não envolvida, dada a circunstância, está ok por hora.

**4. Não fazer nada:** essa etapa pode parecer meio sem sentido, mas não fazer nada é o momento de pausa que permite te colocar de forma inteligente de frente com a emoção. Não fazer nada é uma pausa temporária, é dar tempo para a sua inteligência pensar em como lidar com a situação.

**5. Decidir:** com todos os passos anteriores realizados, agora vem o momento de decidir o que precisa ser feito para ir ao encontro do resultado desejado. Com a inteligência liderando o processo, todas as emoções podem ficar para trás para poder, então, direcionar a inteligência a fim de tomar a melhor ação.

# Ativação do Potencial Exponencial

*"Não existe fardo maior do que
um potencial inatingido."*
Charles Schulz

Atualmente, somente uma pequena parte da humanidade, cerca de 5% da população, está se movendo de maneira consciente para um novo estágio da evolução humana.

Se você está lendo este livro, você também faz parte desse grupo seleto de pessoas que estão transformando, caso já não tenham transformado, as suas vidas rumo aos estágios de evolução que contêm mais elementos de autorrealização, e todos os estágios que existem depois dele.

Um dos elementos mais importantes para a autorrealização é ter os seus potenciais exponenciais ativados, aqueles que serão utilizados, aprendidos e aperfeiçoados durante a sua jornada. O resultado dessa ativação é um aumento substancial do desempenho, performance e produtividade, que irão muito além da média da população.

Não é uma questão de sorte, ou talento por si só, embora esses elementos possam estar presentes. Ativar o seu potencial exponencial de forma consciente é escolher um novo modo de viver, um novo modo de ser, exponencial.

Ao mesmo tempo, não é possível ativar os seus potenciais se você não sabe o que eles são, quais são as suas grandes motivações e o que você quer na sua nova vida exponencial. Os seus potenciais permaneceram ocultos e inativos até você ter a clareza desses três pontos.

Afinal, como você pode praticar, crescer, mudar, transformar e se tornar algo, se você não sabe o que é possível?

Essa é a primeira grande barreira para a ativação dos seus maiores potenciais e capacidades. A maioria das pessoas só evolui dentro dos patamares que conhece ou até o ponto que acha possível alcançar, mas, ao chegar a esse patamar, para.

Uma das maneiras de expandir essa percepção é conhecer as possibilidades, dentro do que realmente está alinhado com a sua grande motivação e propósito e, portanto, em relação ao seu projeto de vida com propósito.

Buscar novas experiências e estimular tudo que traga empolgação, sensação de êxtase e entusiasmo são maneiras simples de descobrir ao mesmo tempo: o que te motiva, quais potenciais você poderia desenvolver e a direção da vida para ter verdadeira autorrealização.

Infelizmente, a realidade para a maioria das pessoas está atrelada ao fato de acreditarem que existe somente um patamar possível, limitado e alcançável, o que as impede de avançar até onde deveriam ou poderiam ir.

Howard Gardner, psicólogo conhecido pelo seu estudo das inteligências múltiplas, já mostrou que a maioria das pessoas desenvolvem somente uma ou outra inteligência, pelo fato de terem sido expostas a elas durante a infância. O que ele acredita é que todos nós podemos desenvolver mais inteligências, se formos estimulados a fazê-lo.

O estímulo para desenvolver tais habilidades geralmente está atrelado às necessidades a que somos expostos pelos condicionamentos sociais, para ter o tipo de emprego mais aceitável, por exemplo, ao invés do estímulo estar centrado no indivíduo e nos seus verdadeiros dons e habilidades únicos.

A ativação do potencial exponencial acontece ao percebermos que não é suficiente desenvolvermos habilidades para atender às necessidades sociais e culturais nas quais estamos inseridos, mas sim alinharmos esse desenvolvimento com as grandes motivações individuais, ou seja, com a meta do que realmente é importante para você, o seu grande objetivo de vida, o seu projeto de vida com propósito.

Essa mudança de consciência é que está surgindo hoje em dia, sendo rotulada como "propósito", consiste em utilizar os seus dons e habilidades únicos e colocá-los a serviço da humanidade.

Trata-se de sair do condicionamento sob o qual a sociedade e as necessidades culturais definem os potenciais que você deve desenvolver e ir na direção do que realmente te estimula na sua essência, na sua verdade interior. Uma vez senhor dessa clareza, você define quais potenciais pode e quer desenvolver, descobrindo também a melhor maneira de colocar essas habilidades e dons únicos no mundo.

> **"Conhece-te a ti mesmo"**, o provérbio grego,
> é de uma sabedoria tão antiga e ao mesmo tempo
> tão atual.

Essa é a única maneira de você ativar os seus potenciais exponenciais, aqueles que te trazem motivação, entusiasmo e grande empolgação pela vida.

Saber o que te motiva e te deixa curioso, com vontade de conhecer e pesquisar mais, potencializa os seus resultados, principalmente quando você utiliza as suas melhores habilidades na atividade que você desempenha.

A grande transformação acontece quando esses questionamentos te levam a reescrever e ressignificar a sua vida, nos seus termos, ativando os potenciais que estão alinhados com o NOVO VOCÊ e a sua NOVA VIDA, com tudo o que realmente é importante para você, em todos os pilares da sua existência.

A solução é ter consciência de todos os patamares possíveis, para ativar os seus potenciais ilimitados de forma consciente, sabendo realmente o que é possível e desejado para você ter a vida que te traga verdadeira autorrealização.

A jornada da evolução consciente irá te mostrar que muitas coisas que você atualmente considera como sendo impossíveis, na verdade, são superpossíveis.

Outro elemento de extrema importância na ativação dos potenciais exponenciais é a força de caráter. Podemos desenvolvê-la de forma direcionada para quem queremos nos tornar.

Martin Seligman, no seu estudo com Christopher Peterson, "Strenghts and Virtues" (Forças e Virtudes), afirma que existem seis virtudes que estão associadas à nossa força de caráter e que são essenciais para o nosso desenvolvimento e base do nosso caráter, são elas:

1. Sabedoria
2. Coragem
3. Humanismo
4. Justiça
5. Temperança
6. Transcendência

As virtudes fazem parte da essência do ser humano, e quando fortalecemos a nossa conexão interior, identificar as principais virtudes que movem as nossas ações e definem quem vamos nos tornar ajuda a fortalecer o nosso poder pessoal. Cultivar as virtudes é o mesmo que desenvolver hábitos que nos ajudam a alcançar a excelência humana.

**DESAFIOS**
Quais devem ser as três principais virtudes para você viver a sua vida e ter grandes realizações?

# O framework da ativação do potencial exponencial

Todos os potenciais, habilidades, dons e virtudes podem ser ativados de maneira consciente e pragmática a partir do momento que entendemos como funciona o framework para ativar os nossos potenciais exponenciais.

O esquema abaixo ilustra esse framework que representa o ciclo básico para a ativação do potencial do ser humano, e é composto por quatro etapas que se repetem infinitamente:

Potencial >> Ação >> Resultados >> Crenças >> Potencial

1. Você acredita que tem um potencial e isso te leva a ir para a ação;
2. Você vai para a ação, atuando com o potencial que você acredita ter, e com isso você tem os resultados;
3. Esses resultados te levam a confirmar ou não as crenças naquilo que você acredita ser possível; e
4. As crenças definem o que você acredita ser o seu potencial.

Porém ao acrescentarmos a consciência ao quarto passo, juntamente com a crença, fazendo com que o indivíduo acredite que seja possível desenvolver e ativar novos potenciais, essa nova consciência pode ressignificar e transformar a crença inicial, de maneira que o resultado seja visto somente como um resultado negativo, e não um fracasso. Isso muda tudo porque, ao alimentar o potencial com a crença de que existe um patamar superior, a chance é de que, ao entrar novamente em ação, a confiança e a coragem sejam novos potencializadores para que a ação aconteça de maneira mais assertiva e, com isso, o resultado será diretamente impactado positivamente.

Neste caso, o ciclo exponencial será:

Potencial >> Ação >> Resultados >> **Crenças & Consciência** >> Potencial exponencial

O potencial leva à ação, que gera um resultado, fortalecendo a crença que pode ser transformada pela consciência, para ativar o potencial exponencial.

Dentro do contexto científico: a partir do momento que o condicionamento do potencial foi feito, nós nunca temos que pensar conscientemente sobre isso, porque eles são modelos mentais psicoativos.

Isso significa que eles fundamentalmente mudam a maneira como a sua mente funciona e até mesmo o modo como o seu cérebro é estruturado. Ou seja, você incorpora o condicionamento e "esquece" que ele existe, apesar dele pautar todas as suas escolhas, decisões e estilo de vida.

Somente a consciência é capaz de quebrar este ciclo, para ativar novos potenciais. Ter a consciência dos condicionamentos que estão limitando as suas ações e o seu potencial é o que te possibilitará ultrapassar os seus limites.

Perceber quais são os condicionamentos limitantes, e ter a consciência do que fazer para eliminá-los, como por exemplo, inserir novos condicionamentos e crenças, permitirá a você transformar não somente as suas ações, mas também os seus resultados. Isso impacta principalmente a área profissional e consequentemente a financeira.

Os potenciais exponenciais são únicos para cada ser humano. Não existe um ser humano com o mesmo potencial que o outro. Temos habilidades e dons únicos, e o mundo precisa dessa habilidade especial e única, que cada um de nós possui.

O poder de ativar qualquer potencial é a sua capacidade de tornar um potencial desconhecido em potencial conhecido.

O patamar que você pode atingir se torna portanto infinito e ilimitado, dependendo somente do que você quer fazer e criar na sua vida, sendo o seu próprio mestre e criador da sua realidade.

Essa jornada de evolução consciente você seguirá no seu ritmo, no seu tempo, mas mantendo sempre sua consistência, crescimento e evolução.

Os estudos sobre os super-humanos estão avançando aceleradamente, e hoje temos acesso a conhecimentos, informações e *hacks* que não tínhamos há 5-10 anos. Agora sabemos como essas pessoas conseguiram ativar os seus potenciais no patamar mais elevado, e a ciência já traz dados mostrando que ainda tem muito mais por vir.

## *Flow Transcendental*

*Flow* transcendental é um estado de presença que te permite acessar de maneira consciente e em ação/execução, o estado alfa alcançado durante a prática de meditação, ou o estado de êxtase alcançado dentro de uma atividade de grande euforia e alegria.

É portanto uma nova prática, que está sendo considerada revolucionária, por conciliar todos os benefícios da meditação e intensa alegria, durante a execução de tarefas práticas do dia a dia. Da mesma maneira que a meditação transcendental te leva a atingir o estado de presença e a transcendência, o *flow* transcendental consegue os mesmos resultados dentro da "ação", e é através dele que se torna possível utilizar as suas melhores habilidades, atuando na sua excelência, com total entrega e confiança, porque você está 100% no momento presente.

O *flow* transcendental é uma combinação do *flow*, potencializado com o êxtase, atuando dentro do seu estado de presença no "agora", para atuar na sua excelência e indo além. Ele é capaz de te colocar no seu estado alfa ou gama, conectando a sua essência com o todo, por isso, a transcendência. A ação acontece dentro da sua melhor performance e excelência, sem esforço. O ego desaparece, e a noção do tempo fica completamente distorcida.

O resultado é a clareza mental para entrar na "ação" dentro do seu "estado da arte", sendo que a fluidez está em você, na situação e no todo. A transcendência acontece pela percepção de fazer parte do todo, de ser o todo. O seu cérebro começa a atuar em perfeita harmonia.

Em outras palavras, o *flow* transcendental te leva a entrar em ação dentro de um estado de consciência mais elevada e expandida, o estado alfa ou gama.

## As 5 frequências disponíveis

A maioria das pessoas trabalha com o gerenciamento das emoções para aumentar a sua felicidade, porém, as ondas cerebrais que emitimos com a nossa mente subconsciente também podem afetar diretamente esse estado de consciência e sensação de realização.

Podemos condicionar essas ondas de frequência cerebral de forma a alterar o nosso estado de ser e, com isso, temos mais um elemento para controlar e criar a nossa realidade.

Para isso é preciso saber que todos nós temos cinco principais frequências cerebrais: Delta, Theta, Alfa, Beta e Gama, cada uma delas com a sua própria característica que representa um nível específico de atividade cerebral e um estado único de consciência.

**Delta: 0,5 - 4 Hz**

As ondas Delta são as do sono profundo, sem sonhos e a consciência está totalmente isolada. Esse é o mundo da sua mente inconsciente, onde as informações recebidas podem ficar indisponíveis no nível consciente. Esse é o momento de grande cura e regeneração para o corpo físico. Também é considerada a porta de entrada para a mente universal e do inconsciente coletivo.

## Theta: 4 - 7,5 Hz

As ondas Theta estão presentes durante a meditação profunda e prolongada, com a mente consciente e o corpo em relaxamento profundo. Incluindo o estado de sono leve ou o REM ou MRO (Movimento Rápido dos Olhos). Esse é o mundo da mente subconsciente. É onde fazemos uma conexão profunda com a espiritualidade e a unidade com o Universo. A terapia holística do Thetahealing foi criada para atuar, curar e manifestar dentro dessa faixa. É o estado mental em que você consegue criar conscientemente a sua realidade. A maioria dos programas da sua mente estão em Theta, é onde você experimenta visualizações vivas, grandes inspirações e profunda criatividade.

## Alfa: 7,5 - 14 Hz

As ondas Alfa atuam quando estamos em um estado de relaxamento profundo, como por exemplo, quando meditamos em curtos espaços de tempo. Esse estado é o melhor momento para programar a mente, aumentando a imaginação, visualização, aprendizagem e concentração. É a porta de entrada para o subconsciente. É quando acessamos a nossa intuição de forma mais clara e intensa, quanto mais próximos chegamos de 7.5 Hz.

## Beta: 14 - 40 Hz

As ondas Betas estão associadas à consciência de lógica e raciocínio, quando estamos acordados fazendo as coisas triviais do dia a dia, mas podendo também refletir em estresse, ansiedade e nervosismo. É o equivalente àquela voz que fica no "piloto automático" dentro da nossa cabeça.

## Gama: acima de 40Hz

De todas, é a menos estudada, porém já está sendo comprovado que neste estado ocorrem os *insights*, ou grandes ondas de clareza mental e fortes rajadas de discernimentos e de alto nível de processamento de informações. Traz maior consciência espiritual, autocontrole, felicidade e maior inteligência.

Grande parte da nossa realidade e percepção dela vem dos pensamentos e crenças que acumulamos com base nos acontecimentos que vivemos.

Dentro de alguns estados cerebrais, podemos acessar maior equilíbrio e centramento mental, além de acessar camadas e frequências de consciência alteradas, abrindo um maior leque de possibilidades, para atuarmos com maior precisão e excelência.

O *flow* transcendental te permite acessar dois estados que te colocam em execução com maior desempenho e produtividade, que são os estados alfa e gama. Ambos podem ser acessados através de gatilhos, sendo que o alfa trabalha com os gatilhos mais mentais, de introspecção, e o gama com os gatilhos físicos, de êxtase e euforia.

## Os estudos sobre o *flow*

A prática do *flow* transcendental traz vários benefícios. Ela expande as suas funções cognitivas, e isso te leva a fazer mais rapidamente as correlações e conexões dos assuntos, porque você desenvolve o chamado "pensamento lateral", aumentando a sua capacidade de tomar melhores decisões e, com isso, ter maior produtividade e desempenho.

O *flow*, de acordo com Mihaly Csikszentmihalyi, é definido pelo estado de consciência, concentração e foco no seu máximo. Inclui também envolvimento e fluidez, a conexão expandida com você mesmo e também com o outro, se tornando mais cooperativo e colaborativo.

O êxtase é o estado de sentimento intenso de alegria, felicidade, entusiasmo, exaltação. Muitas vezes a pessoa que entra em êxtase sente uma sensação de euforia, se tornando mais criativa, além de aumentar sua coragem, confiança e poder pessoal.

O *flow* com o êxtase já foi estudado por Steven Kotler, que juntou a neurociência com a alta performance e mostrou que hoje temos inclusive razões científicas para incorporarmos o *flow* no seu estado máximo de consciência alterada para termos benefícios potentes e duradouros em termos de desempenho, alta performance e produtividade.

A transcendência é o terceiro elemento, possuindo um viés espiritual, o "ir além", em total entrega e confiança no TAO, que é seguir o seu caminho único, conceito da filosofia chinesa. Ir além é estar entregue e agir tendo a certeza de que as suas habilidades e instintos serão ativados quando forem necessários, porque existe uma conexão com o mundo invisível.

É o elemento que traz a certeza de que tudo vai dar certo, nos seus termos, dentro da sua verdade. O Universo, os *insights*, a intuição, sincronias e coincidências passam a fazer parte da jornada.

Essa é uma habilidade que você desenvolve ao atingir o seu nível de automaestria, com a certeza do que fazer e do caminho a seguir.

O *flow* transcendental é a combinação desses três elementos: o *flow*, o êxtase e a transcendência, que, ao atuarem juntos, amplificam a sua habilidade para resolver problemas difíceis e complexos, tornando-o capaz de tomar decisões de maneira mais assertiva e alinhada com a sua essência, mais rapidamente.

O *flow* que busca o estado de consciência expandida com o êxtase, por si só, é considerado a grande prática revolucionária dos grandes executivos do vale do silício, grandes players, empresas de peso como o Google, e até da Força de Operações Especiais da Marinha Americana, a Equipe da Navy Seals, e não é de hoje.

As habilidades para resolver problemas complexos, ter maior pensamento crítico (lateral), flexibilidade cognitiva, criatividade e inteligência emocional são as habilidades que vamos precisar para sermos bem-sucedidos no futuro próximo, em 2020, de acordo com o estudo, sobre a quarta revolução industrial - as profissões do futuro, feito pelo WEF (Fórum Econômico Mundial).

A ciência já tem comprovado que podemos ter resultados exponenciais quando estamos atuando dentro do *flow*, isso porque o nosso cérebro passa a funcionar de forma diferente, já que seis hormônios são ativados: dopamina, serotonina, oxitocina, noradrenalina, endorfina e anandamida, que são os principais hormônios da motivação, prazer, amor e felicidade, influenciando diretamente as funções dos nossos neurotransmissores.

Além disso, o córtex pré-frontal é desativado, e algumas áreas se tornam hipoativas e outras hiperativas, impactando as funções cognitivas, a nossa capacidade de tomar decisões, resolver problemas complexos, decisões de longo prazo, senso moral e o livre-arbítrio.

Um neurotransmissor é uma substância química produzida nas células do cérebro, os neurônios. Ele é capaz de conduzir e transmitir uma informação de um neurônio a outro, ou seja, é como um telefone para comunicação entre os neurônios. Essa comunicação se chama sinapse.

Os neurotransmissores são como combustíveis para o cérebro realizar determinadas funções. Os hormônios quando ativados, trazem um estímulo específico, influenciando diretamente as funções do nosso cérebro.

1. **Dopamina**: é vista como a responsável pelo amor e pela luxúria. Tudo o que você ama. Está diretamente ligada a viver o propósito. Quando você tem níveis altos de motivação atrelados a um propósito, esse hormônio é ativado, e ele controla também a sua capacidade de mensurar o custo versus benefício. Quando você começa a viver o seu propósito, o seu nível de dopamina aumenta, e é por isso que você fica mais feliz e confiante. Outra forma da dopamina ser estimulada é quando definimos

metas, quer sejam de longo prazo ou curto prazo, e vemos a meta atingida.

2. **Endorfina**: é considerado um tipo de analgésico natural. A endorfina, quando ativada, aumenta a resistência à dor e o sentimento de unidade com o grupo. Dançar, cantar e trabalhar em equipe também são atividades que melhoram, por meio de um aumento nas endorfinas, a união social e tolerância à dor.

3. **Ocitocina**: constrói vínculos emocionais e também é conhecida como o "hormônio do abraço". Auxilia no vínculo social, que é fundamental para a sobrevivência e também ajuda o desenvolvimento do cérebro. Alguns consideram como o hormônio com "posição de liderança", já que é o responsável pela construção da confiança nos relacionamentos. Algumas formas de você conseguir aumentar a oxitocina é através do abraço, e também ao dar e/ou receber presentes, agrados, gentilezas.

4. **Noradrenalina**: é um neurotransmissor e hormônio ligado ao estresse, ligado ao sistema de alerta, por isso, é de extrema importância para o sistema de dor. É o responsável pela resposta de defesa do organismo, o "lutar ou fugir". Quando o organismo percebe uma ameaça, ele produz a noradrenalina para preparar o corpo para a "guerra", para lutar contra a ameaça ou fugir dela.

5. **Serotonina**: flui quando você se sente importante, gerando o impulso e a iniciativa, que aprofundam o sentimento de confiança, abertura e intimidade. A falta leva à depressão e ao isolamento. É liberado ao praticar exercícios, tomar sol e receber massagem.

Mas, só de lembrar de momentos felizes, você consegue também liberar a serotonina no seu corpo.

6. **Anandamida**: responsável pela sensação de paz e felicidade interna. Profunda sensação de bem-estar. Existem vários estudos em andamento com esta substância que o nosso cérebro produz, fazendo crer que esta será considerada o "antidepressivo do futuro".

## Como ativar o flow transcendental

Sua mente navega pelo controle e esforço, e o seu coração pela liberdade e *flow*, e para ativar o *flow* transcendental, é importante enfatizar o que alimenta o seu coração. Ativar o *flow* transcendental é combinar o melhor da sua mente com o seu coração, através do seu melhor potencial, na sua melhor potência, com facilidade.

Existem vários benefícios em adotar esta prática, que é bem simples de ser ativada e potencializada conscientemente, aplicando 4 passos, que são:

- Motivação
- Impacto
- Meta
- Ação

**Na motivação:** a noradrenalina e a dopamina são ativadas e assim o interesse e a curiosidade, ativam aquilo que vai te deixar em estado de alerta, com motivação, prazer e satisfação. A motivação é o que nos coloca em movimento através do nosso próprio estímulo, do que nos alimenta na essência, provocando uma resposta interna às circunstâncias de alegria e realização.

**Na definição do impacto ou legado:** além da noradrenalina e dopamina, a serotonina também é ativada, ao transformar o seu propósito em legado, isso porque você se sente importante. Ela te traz a sensação de iniciativa, dá a vontade de fazer acontecer. Você encontra a sua grande razão, e isso se torna a sua missão, o "algo maior' que você mesmo.

**Na meta:** acumulamos também a ocitocina, responsável por ficarmos confiantes e que também fortalece a coragem, começando a preparar para os vínculos com o próximo, que serão importantes na próxima etapa. Outro ponto relevante é que, ao definir a meta, os níveis de cortisol diminuem, o que mexe com o seu nível de estresse, reduzindo a ansiedade, insônia e até a depressão.

**Na ação:** agora, todos os neurotransmissores estão ativados. A sua consciência se expandiu, o seu nível de concentração e foco dão um salto, e você entra no seu "estado da arte" e excelência, com a ativação de outros dois hormônios: a endorfina, que te traz resistência à dor e a sensação de união com o grupo e com o todo; e para potencializar tudo isso, a anandamida surge para transcender, porque esse é o hormônio que traz a sensação de estar no TAO, uma sensação da felicidade, bem-estar e paz interior.

De uma forma resumida, os principais resultados que você vai sentir ao ativar o *flow* transcendental na sua vida, são:

- Maior motivação, interesse e vontade.
- Maior criatividade, confiança e coragem.
- Menor estresse, maior bem-estar e felicidade.
- Maior performance, produtividade e transcendência.

Assim, no estado de *flow* transcendental, entramos no modelo unificado de estados alterados de consciência, porque ficamos:
- Sem a sensação do ego, as críticas internas: o barulho interno silencia e aquela sequência de pensamentos que vem a todo instante na nossa cabeça desaparece;

- Sem a noção do tempo: como o neocórtex é "desligado", e é ele que "calcula" a noção do tempo, paramos de "perceber o passado e futuro", entramos em um estado profundo no "agora", com profunda presença;
- Sem esforço: no *flow* os seis neurotransmissores disparam ao mesmo tempo, talvez em sequências e intensidades diferentes, fortalecendo a experiência, com profundidade e intensidade, aumentando nossa capacidade de experimentar o limite do possível e acelerando o aprendizado;
- No "estado da arte": a criatividade aumenta, assumimos mais riscos naturalmente, a sensação de dominar o nosso corpo aumenta, a função sinestésica aumenta, o mesmo vale para outras percepções e sentidos. São feitas conexões e correlações de forma não óbvia, naquilo que os cientistas chamam de pensamentos laterais, que são ativados quando se está em ação no seu "estado da arte".

Por isso que, ao final, muitos estudiosos dizem que o estado de *flow* pode ser o estado mais viciante, porque ele potencializa os hormônios do prazer, ativando toda uma química no nosso corpo, e o ser humano sempre busca evitar a dor e aumentar o prazer.

Todo mundo em algum momento da vida já vivenciou o *flow*, que é aquele momento em que você não vê o tempo passar, ou que ele passa super-rápido e você fica com vontade de querer continuar, já que a sensação de realização é exponencial.

Quando você acessa o estado de *flow* transcendental:

- Sua consciência se expande, aumentando os insights de forma clara e específica;
- Ativa-se o seu pensamento lateral, que é a capacidade mental de fazer correlações e conexões de assuntos distintos, por isso fica mais fácil resolver problemas complexos;
- Sua criatividade e a sua percepção da realidade se expandem exponencialmente, você se conecta com outra dimensão;

- Sua performance e produtividade atingem níveis exponenciais, facilitando e acelerando as tomadas de decisão; e
- Seu nível de engajamento e conexão consigo mesmo, com o outro e com o todo transcende, e você se torna mais colaborativo e cooperativo.

A ciência comprovou que mesmo você tendo uma experiência muito intensa e pontual, ela fica reverberando em você por muito tempo. E quanto mais experiências de "pico", maior a conexão interior, maior o poder pessoal, maior o seu desempenho e resultados.

Outra constatação extremamente importante: a ciência comprovou que as experiências de flow transcendental são um atalho para acelerar a performance, produtividade e desempenho, podendo a pessoa chegar a ter resultados mais de 500% melhores comparada à média das pessoas.

Além disso, as mudanças acontecem nos âmbitos:

- Psicológico, com clareza mental, aumento de confiança e coragem;
- Social, pois você fica mais feliz e com maior controle emocional;
- Intelectual, com aumento das funções cognitivas; e
- Físico, pois o corpo supera os próprios limites.

Somado a isso, o fato de o *flow* transcendental atuar diretamente no sistema nervoso beneficia contextos práticos da sua vida, como:

- Melhorar o sono;
- Diminuir stress, depressão e ansiedade; e
- Aumentar energia, resistência, felicidade e vivacidade.

Para muitos, voltar a acessar esses momentos pode ser desafiador, quando não se tem consciência de como ativá-lo conscientemente.

Existem quatro áreas da ciência comprovando os benefícios do *flow*, que são:

1. **Psicologia**: comprovando que o *flow* deixa as pessoas mais felizes e com maior sensação de bem-estar, autoconfiança e mais sociáveis. As pessoas ficam menos medrosas, mais abertas para lidar com o novo e o desconhecido, e o mais legal da linha da psicologia é que o estado *flow* traz clareza mental;
2. **Farmacologia**: que tem estudado quais são as substâncias que nos ajudam a atingir o estado de consciência expandida, sem efeitos colaterais;
3. **Tecnologia**: está fazendo com que o estado da arte seja mais facilmente acessado. Estão surgindo muitos equipamentos de EEG (eletroencefalografia), um método de monitoramento eletrofisiológico utilizado para registrar a atividade elétrica do cérebro, que estão sendo usados para expandir o estado de consciência, por pessoas que querem atingir alta performance tanto individual como coletiva;
4. **Neurobiologia**: já comprovou que o nosso cérebro ativa áreas quando está em estado de *flow*, aumentando o número de sinapses, em outras palavras, maior ativação no cérebro. Além disso, existem os seis poderosos neurotransmissores que são ativados, já citados acima: dopamina, serotonina, oxitocina, noradrenalina, endorfina e anandamida.

O resultado disso é que você pode ter muitas ideias em curto espaço de tempo, ser mais sociável, confiante, criativo e, quando se trata de negócios, estimular atividades que ativem essas substâncias fortalece os laços da equipe e do grupo, havendo, portanto, maior cooperação.

Por isso, o *flow* transcendental, está sendo considerada uma prática revolucionária, já que que pode te levar a dar um salto exponencial não somente no seu desempenho, mas na sua vida, com resultados exponenciais.

# PARTE III – PROJETO DE VIDA COM PROPÓSITO

*"Desde o momento em que estabelecer no seu pensamento um propósito definido, sua mente começa, tanto conscientemente, como inconscientemente, a reunir e armazenar o material com o qual o fará alcançar o seu propósito."*
Napoleon Hill

# Missão Possível

A dificuldade de encontrar o seu propósito tem gerado uma grande inquietação na maioria das pessoas que estão querendo trazer maior significado para as suas vidas, e não sabem o que fazer ou qual o caminho a percorrer.

Encontrar o seu propósito está diretamente relacionado com autoconhecimento, mas os condicionamentos culturais, sociais, familiares e religiosos são o que ainda predomina, fazendo com que muitos mantenham uma desconexão consigo mesmos. Isso faz com que esse processo demore mais do que deveria, por um único problema: a dificuldade de estabelecer uma conexão consigo mesmo, com a sua essência e o seu coração.

Aprender a se ouvir é, portanto, o único caminho. É preciso saber silenciar a mente e dar espaço para o coração se manifestar, na sua verdade interior. Esse caminho é o que trará os maiores benefícios na sua vida, e você pode fazer isso de algumas maneiras. Através da meditação, respiração, experiência de êxtase, expansão de consciência ou autorreflexão.

Todos estes caminhos te colocam em maior conexão com o que te deixa vivo, conectado e centrado com a sua essência. Além disso, eles também te colocam mais presente dentro do momento "aqui e agora", expandindo a percepção da sua intuição.

O propósito é tudo o que você faz, que te deixa empolgado e entusiasmado, colocando as suas melhores habilidades e dons únicos como um serviço, para poder ser remunerado por ele. Em outras palavras, é fazer o que você ama, e não precisar separar entre o que é vida pessoal e profissional, porque fazer o que você ama será a sua vida.

Vários métodos estão disponíveis hoje para você encontrar o seu propósito, e torná-lo a sua missão, o seu projeto de vida com propósito.

Um dos métodos mais conhecidos é o IKIGAI, que traz quatro perguntas clássicas, que são:

- O que você ama?
- O que você faz bem?
- Com o que você pode ser pago?
- O que o mundo precisa?

A resposta que você encontrar na intersecção destas quatro perguntas estará bem próxima do seu propósito, que é fazer o que você ama, sendo bem remunerado e ajudando o mundo a se tornar um lugar melhor com a sua ajuda.

No entanto, a busca não se resume a encontrar essas respostas. Na minha experiência própria, eu percebi que existe um ponto muito importante, que a maioria das pessoas não fala quando se trata de propósito, que é o fato de você "testar o seu propósito".

Eu descobri a importância dessa pergunta milagrosa alguns anos atrás, quando achei que havia encontrado o meu propósito. Na época eu conheci uma pessoa que também estava fazendo uma nova transição de vida.

Ela estava disseminando uma mensagem para ajudar as pessoas a lidarem com a perda de um ente querido, isso porque esse tema fazia parte da sua história. Como ela havia passado por duas grandes perdas, para ela, era certo que esse deveria ser o conhecimento que ela deveria compartilhar com o mundo, já que a vida tinha trazido essa experiência mais de uma vez.

Só que, depois de quase três anos trabalhando e ajudando outras pessoas a superarem esse momento difícil, ela percebeu que a missão dela não a fazia feliz. Muito pelo contrário, a todo o tempo, ela estava relembrando a dor interna, contando para as outras pessoas a sua experiência, apesar da cicatriz já estar curada. E também ouvindo histórias difíceis que muitas vezes a colocavam em um contexto de tristeza e pesar profundo.

Eu a conheci exatamente nesse momento, quando ela tinha percebido que a missão dela até então precisava ser revista. Ela me disse que o propósito, que é a base da missão, precisa ser algo que não alimenta nenhuma dor interna.

O propósito da alma alimenta o amor, o seu auto-amor e o amor pelo próximo. Se você alimentar o amor e a dor ao mesmo tempo, significa que tem alguma coisa errada, significa que você ainda não encontrou o seu verdadeiro caminho. E concluiu: "Se eu tivesse testado o meu propósito, antes de mergulhar na estruturação dele, talvez agora eu não precisasse recomeçar a minha busca".

Essa conversa me tocou profundamente, exatamente pelo contexto do meu projeto, de empoderamento feminino, que eu acreditava ser o meu propósito, que eu estava tratando como a minha missão de vida.

Nesse momento, eu percebi que eu não havia testado o meu "propósito", na prática, e foi isso que eu decidi nos três meses seguintes. Lembro de pensar que, apesar de saber que o projeto me trazia satisfação e amor, também me trazia um sentimento de luta e dor. Mas, ainda assim, estava confiante que deveria seguir adiante com ele.

Por isso pensei em algumas maneiras para testar o meu projeto. Primeiro, comecei a conversar com mulheres e homens sobre a ideia. Praticamente todos se sentiram desconfortáveis com a conversa e eu percebi que este assunto era um "tema proibido", porque todos sabiam que existe sim desigualdade, mas ninguém quer se envolver nesse tipo de causa, porque acreditam que as coisas "são assim mesmo".

Segundo, decidi fazer os cursos necessários para ter preparação técnica, com os conhecimentos, conceitos e entendimento dos impactos psicológicos para ajudar as mulheres que sofreram de abuso doméstico, moral, entre outros. Para complementar o meu projeto, precisava também ajudar mais mulheres a alcançarem cargos de liderança em várias frentes, como o mundo corporativo, governamental e educacional.

As descobertas foram chocantes, mas, depois de refletir, até percebi que eram óbvias, apesar de ter demorado para ter essa clareza.

Nas minhas conversas, ficou claro que os condicionamentos sociais, culturais e familiares limitam a percepção da realidade, e principalmente deixam as pessoas com o sentimento de serem "impotentes e vítimas", em relação às injustiças ou desequilíbrio sociais que existem.

O curso de empoderamento me mostrou que o fato de eu não ter vivido situações de adversidade me colocava em uma posição limitada, que alcançaria um patamar de difícil acesso e que muito provavelmente eu não conseguiria ultrapassar, afinal, nenhuma daquelas realidades fazia parte da minha história. Apesar de ter a intenção de ajudar, eu dificilmente conseguiria fazê-lo da maneira que eu gostaria e havia acreditado que conseguiria no início.

O curso de liderança feminina me trouxe uma constatação mais dura, que foi perceber que não se trata de uma questão de gênero, mesmo este sendo um grande tema, e sim, uma questão de consciência e viés altruísta. Precisamos ter líderes mulheres, mas isso não é tão importante quanto termos mais líderes que pensem no bem maior para todos. Precisamos líderes altruístas, líderes com consciência.

Depois de três meses e imersão profunda no meu projeto de empoderamento, percebi que a direção precisava ser ajustada, e o caminho tinha se tornado extremamente claro, durante o curso de liderança feminina.

A descoberta chegou de uma maneira tão intensa que eu tive certeza absoluta, porque trouxe uma sensação de entusiasmo gigante, quando ficou claro que o meu propósito seria ajudar as pessoas a expandirem a sua consciência, para praticar o altruísmo de maneira sustentável e consciente.

**DESAFIO**
*Para ter certeza do seu propósito*

Depois de responder as quatro perguntas do IKIGAI, pense como "testar o seu propósito" e encontre comunidades, fóruns e pessoas que já estejam engajadas no seu propósito.

Identifique as principais dificuldades e se elas irão alimentar "amor" ou "dor" dentro da sua alma.

# Encontrando mentores

Encontrar quem já está vivendo a vida com os *high standards*, os padrões mais elevados na área que você busca, te ajudará a encurtar o tempo e os aprendizados para atingir sua meta. Inspire-se e aprenda com o modo como eles definiram e aplicam os *high standards* no dia a dia.

Os mentores clássicos são *coaches*, professores ou pessoas que de fato já possuem as habilidades que você quer adquirir, que já passaram pelo aprendizado, se aperfeiçoaram e cresceram.

Outra forma de mentoria é através de livros, vivências ou cursos, inclusive os cursos on-line, que estão ganhando força no mercado, além de apresentarem grandes conteúdos. Independentemente da forma, o mais importante é acessar os conhecimentos e informações que realmente irão trazer o diferencial para você atingir sua meta de realização maior, de maneira mais assertiva e no menor espaço de tempo.

O objetivo principal com os mentores é "encurtar" o tempo da sua aprendizagem, recebendo os insights e dicas para que você atinja rapidamente a sua meta.

**DESAFIO**
*Identifique a área que você quer masterizar.*

Quem são as pessoas referências nessa área?

Quais cursos, vivências e livros podem complementar esse aprendizado?

## Clareza da meta para a sua realização maior

Tudo começa com a definição da meta do que se quer alcançar. Ter a visão de longo prazo é fundamental porque dá a direção, porém, a definição dos principais marcos, a curto e médio prazo, traz a clareza da visão do todo. Ter uma meta desafiadora, apaixonante, realista e factível de ser alcançada é o que estimula e instiga a "fazer acontecer", além aumentar a energia.

Ter uma meta clara, aumenta a conexão com você mesmo, aumenta o comprometimento e a percepção de estar crescendo no seu desenvolvimento pessoal, lembrando que a busca é por se tornar a sua melhor versão. A meta traz o significado maior, traz o senso de ser uma força para o bem e dá a razão para manter seus padrões comportamentais e morais elevados.

Quem não tem meta, em geral acaba se submetendo à procrastinação e à autossabotagem, sem consciência. Isso acontece porque fica muito fácil de entrar no movimento das massas, seguindo o que a maioria está fazendo, acreditando que isso possa ser o melhor para você.

Ao ter clareza, trazemos o senso de propósito da vida e o controle sobre nosso destino, que de fato nos traz a realização maior.

Existem seis critérios para definir a meta de forma clara e precisa:

1. Ser o mais específico possível;

2. Escrever de forma que o coração vibre e brilhe;

3. Ter 100% de responsabilidade;

4. Ser desafiador, agressivo, mas alcançável;

5. Que seja para o bem maior de todos; e

6. Com prazo e duração para acontecer.

## As lições da jornada

O processo de aprender com as lições da jornada é o que muitos terapeutas acreditam que seja um elemento adicional para identificar o propósito e a sua missão de vida. O motivo disso é que, de alguma forma, a vida "vai te preparando" para algo, e isso tem grande verdade, mas ao mesmo tempo precisa ser visto com um certo cuidado.

Durante a jornada, aprendemos e desenvolvemos muitas habilidades e dons. Porém nem todos os aprendizados são utilizados se não percebemos e identificamos o que faz sentido para quem queremos nos tornar e o que nos traz realização verdadeira.

As lições da jornada precisam ser percebidas dentro do contexto das coisas e atividades que você gosta de fazer, das suas habilidades e dons. Grande parte das lições servem para o nosso amadurecimento como ser humano, e uma parte menor serve para que possamos desempenhar com maestria os nossos dons únicos.

O grande exercício é perceber dentro dos aprendizados da vida o que te fortaleceu, o que drenou a sua energia e o que você gostaria de ter feito melhor e sabe que poderia. Esse entendimento é o que de fato agrega valor na sua vida e te ajuda a saber o que aprender e melhorar a cada dia, moldando os seus valores, força de caráter e personalidade.

**DESAFIO**
Refletir sobre como você pode aproveitar as lições da vida para ter uma trajetória mais feliz e realizada.

Identificar os conhecimentos adquiridos com as experiências da vida e transformá-los em sabedoria é uma habilidade de automaestria que pode ser desenvolvida. A autorreflexão e consciência são as ferramentas certas para te ajudar nesse processo.

A sabedoria te ajuda a fazer um filtro mais refinado a cada passo da jornada, é a virtude essencial para a automaestria, junto com a humildade, para entender que tornar-se o seu próprio mestre é, antes de tudo, ser um eterno aprendiz.

# As Estações da Vida

*"Eu me transformo no decorrer de um dia. Eu acordo e sou uma pessoa, e quando vou dormir, tenho certeza que sou um outro alguém."*
Bob Dylan

Veja os vários ciclos que você já percorreu, as várias estações que viveu. Cada ciclo com os seus padrões comportamentais e de pensamentos, valores, necessidades, com as respectivas transformações no nível emocional, físico, espiritual, mental, afetivo, profissional e financeiro.

A transformação é uma parte natural da vida e um importante elemento da evolução humana. Quando não nos transformamos, nem evoluímos, nem crescemos como seres humanos, acabamos por ficar estagnados, porque tudo que não evolui tende a perecer.

A analogia entre os ciclos da vida humana e as estações é nítida. Ao perceber que a vida é feita de ciclos e observar as transformações e mudanças na vida, percebemos que os ciclos, da mesma forma que as estações, possuem a sua particularidade:

- **Outono:** fase de sobrevivência, lidamos com problemas e erros;
- **Inverno:** momento de reflexão, planejamento;
- **Primavera:** fase de aprendizados, oportunidades e pensamentos dinâmicos;
- **Verão:** quando atingimos a felicidade e a realização máxima.

Esses ciclos sempre se repetem, da mesma forma que, se ficamos doentes, ou deixamos de cuidar do nosso corpo e da nossa saúde, logo temos que ficar em repouso para poder recuperar e voltar com a energia que tínhamos antes.

A doença é o outono, o inverno é o repouso e a recuperação, e a primavera traz a nova energia, para que no verão estejamos prontos novamente.

As transformações, portanto, são inevitáveis e, ao mesmo tempo, de fácil gerenciamento quando conhecemos e ciclo, entendemos em que fase estamos, e o que estamos vivendo e aprendendo com aquilo, e qual deve ser o grande foco, para nos preparamos para a nova estação, que está por vir.

O futuro muda a cada segundo, com base nas escolhas e decisões do dia a dia. Isso é o que conhecemos como o livre-arbítrio e que impacta diretamente as estações da nossa vida, fazendo com que elas durem mais ou menos tempo.

Em raros casos, elas podem até não mudar, caso se decida manter o mesmo contexto e não evoluir. Porém, uma hora ou outra, essa mudança tende a acontecer. Se não for de forma planejada, então virá de forma forçada. O Universo sempre encontrará uma maneira de nos colocar em movimento para vivermos a nossa verdade interior.

Todas as estações nos trazem benefício, principalmente se as aproveitamos para aprofundar no autoconhecimento e expandirmos a consciência. As estações nos ajudam a acelerar o nosso processo de evolução, e podemos aprender a utilizá-las a nosso favor, inclusive para aprender a como "diminuir" os invernos, e "aumentar" os verões, otimizando as primaveras e outonos.

Aproveite tudo o que as estações têm de bom para te oferecer. Novos ciclos estão por vir, esteja sempre aberto e receptivo, principalmente dentro do contexto da vida exponencial, na qual as oportunidades e possibilidades surgem a todo momento, acelerando as suas realizações em todas as áreas da sua vida.

**DESAFIO**
Qual é a estação que você está vivendo no momento?
O que você pode fazer para acelerar a sua evolução?
Qual pode ser o seu próximo passo?

# Por que a vida vale a pena ser vivida?

*"Torna-te quem tu és."*
Friedrich Nietzsche

Essa pergunta clássica, tema de profundas interpretações de diversos filósofos por milênios, surge na vida de uma pessoa quando existe um profundo descontentamento e insatisfação com a vida que está sendo vivida.

No momento que a pessoa recebe o "chamado" para viver uma vida com maior significado e propósito, entender o contexto pessoal "quem sou?" e o contexto maior "por que a vida vale a pena ser vivida?" são reflexões que precisam ser feitas em camadas.

Refletir sobre as mesmas perguntas levará seguramente a diferentes respostas, e cada uma, em um nível maior de profundidade e alinhamento com a sua verdade interior.

Em algum momento, a resposta estará em linha com conselho de F. Nietzsche, "torna-te quem tu és", o que marcará o início da jornada da vida exponencial. A expansão de consciência, com autoconhecimento, trará o entendimento e os passos para você se inovar e ativar os seus potenciais exponenciais.

Nos tornarmos a versão mais completa de nós mesmos, o nosso próprio mestre e criador da nossa realidade, só é possível quando sabemos quem realmente somos, e o que queremos das nossas vidas.

Porém, na vida linear, esquecemos quem somos e o que realmente é importante para nós. Por isso a importância da conexão com a nossa essência, para trilharmos o caminho da autoconsciência, automaestria e autorrealização.

A vida vale a pena ser vivida quando refletimos no exterior a nossa verdade interior. Isso significa nos divertirmos na jornada de nos tornarmos a nossa versão mais completa. Criamos o nosso projeto de vida com propósito, continuamos evoluindo e praticamos o altruísmo sustentável e consciente.

Muitos não conseguem alcançar o ápice da verdadeira felicidade, que é viver o altruísmo sustentável, porque acabam se desgastando no processo de evolução, por se sentirem responsáveis por outras pessoas, que não necessariamente estão na jornada de evolução. Por causa disso, acabam se sentindo desmotivados, ou encontram um patamar inferior, onde pelo menos conseguem manter o relacionamento com a pessoa por quem se sentem responsáveis.

Esse é um grande dilema que muitos vivem dentro do contexto familiar. O sentimento de se sentirem responsáveis pelos pais, ou pelos filhos, ou por outros parentes, acaba criando um sentimento de que, para viver o propósito, precisariam romper com a família, e muitas vezes essa é a grande verdade.

O que muitos não percebem é que ao "se sentirem responsáveis", e agirem de maneira restritiva em relação aos seus grandes anseios da alma, fazem com que a pessoa fique presa dentro do que o budismo indiano, o hinduísmo e o taoísmo chinês classificam como a "Roda de Samsara".

Diferentemente do cristianismo, que acredita que temos somente uma vida para alcançarmos a salvação, nessas outras religiões, o caminho é pela iluminação, pela expansão de consciência para ascensão.

Para sairmos da Roda de Samsara, precisamos "romper" os ciclos de sofrimento, drama, vícios, escassez e vazio que temos nas nossas vidas. Muitas vezes, esses ciclos estão atrelados a "vínculos" negativos, como a de uma "responsabilidade" por alguém que já deveria ser responsável por si mesmo.

O problema é que sem romper esse vínculo, para seguir o caminho que está urgindo dentro do coração, as pessoas permanecem presas à Roda de Samsara e, por isso, seguem no processo encarnatório, repetindo as mesmas histórias e os mesmos padrões.

Romper a Roda de Samsara, para viver a sua verdade interior, e tornar realidade o seu projeto de vida com propósito, não irá somente acelerar a sua evolução, como também te trará a sua verdadeira realização, porque o seu coração e a sua alma serão verdadeiramente nutridos.

Ter a consciência da jornada maior te traz a clareza de por que você está aqui. A razão principal da sua vida é viver a sua verdade interior, se tornar quem você é, na sua essência. Por mais que isso implique em ir contra os condicionamentos sociais, culturais, familiares e religiosos, ou ainda implique em se afastar ou romper com pessoas muito próximas, como por exemplo os membros da família.

Identificar o seu contexto, aquilo que te impede de viver o que realmente é importante para você, e decidir a melhor atitude a tomar, para romper com o ciclo da Roda de Samsara, é a sua missão. Ao ter essa clareza, e tomar as atitudes certas, um mundo repleto de felicidade, realizações e abundância será a sua nova realidade. A prática do altruísmo sustentável será a sua nova ferramenta para utilizar a partir desse ponto da sua jornada, que irá se acelerar exponencialmente.

## A essência do ser humano

*"Pessoas que não enxergam as mudanças que ocorrem ao seu redor, na verdade, também não se reconhecem, não sabem ao certo quem são e muito menos quão grande é o valor que sua essência divina possui."*
Paulo Vieira

No livro "O Poder da Inteligência Emocional", o psicólogo Daniel Goleman afirma que somente 2% da população humana são os que de fato produzem mudanças, 13% veem as mudanças acontecerem e os 85% restantes não percebem o que está acontecendo e seguem o fluxo da maioria. Esses percentuais não seguem classificação de classe socioeconômica cultural, e sim do *mindset* de crescimento e evolução, que caminha junto com a mentalidade do inconformismo com o *status quo*.

Eu acredito que estas mudanças estão diretamente relacionadas ao conhecimento do propósito, porque somente quem conhece o seu propósito possui uma razão verdadeiramente forte e justificável para lutar e viver intensamente. Sem propósito, a vida fica no piloto automático, e as coisas realmente importantes não são percebidas.

Para apoiar uma mudança, é preciso saber em que direção você quer que as coisas caminhem. Para isso, conhecer o que te motiva e qual é o seu propósito, te ajuda a identificar os valores, e o "algo maior que você mesmo", para nutrir o seu grande projeto de vida com propósito e torná-lo realidade.

A vida exponencial é sobre viver em conexão com a sua essência. Para estar conectado com essa essência é preciso estar consciente e presente no momento do "aqui e agora". Acessar a sua intuição, ter clareza que você não é os seus pensamentos, que as suas melhores decisões são aquelas que você faz quando está ancorado no seu coração e não ter medo por pensar e querer agir diferente da maioria. O importante é que a coerência no seu pensar, falar, sentir e agir prevaleçam, fundamentadas pelas suas vontades mais profundas.

A jornada de evolução consciente, governada por escolhas, pede uma clareza do entendimento do que nutre a sua essência, do que pede o seu coração. Sem acessar essa verdade interior, o caminho nunca trará a verdadeira realização.

## Navegando as transições da vida

A vida não é uma linha reta, com todos os eventos ordenados e organizados, e muito menos conseguimos ter o controle sobre eles. Aproveitar os momentos de transição na vida, de forma que sejam utilizados para trazer maior significado, propósito e realização, é uma habilidade de extrema importância para conduzir esse processo, direcionando-o para o que realmente é importante para você.

Geralmente, nesses momentos de transição começamos a questionar tudo o que temos feito até a vida chegar a este ponto, tentando entender as escolhas feitas, e a razão pela qual a felicidade verdadeira ainda parece tão longe.

São essas reflexões que acionam o chamado interior, é como o seu coração fala com você, para te dar uma sacudida, para te mostrar que o seu caminho é outro. Porém, mesmo sabendo que o caminho é outro, muitas vezes ficamos paralisados e com medo... medo do desconhecido, medo de errar, medo do que vão falar, medo do fracasso, medo do sucesso.

Isso surge por não termos clareza dos passos para colocarmos a vida nos eixos, com aquele significado que nutra o nosso coração e a nossa alma.

Afinal, como você pode direcionar, crescer, mudar, transformar e se tornar algo, se você não sabe por onde começar? Ou quais os caminhos a percorrer? Enfim, o que fazer para não perder a mão e não ficar perdido no meio do caminho?

Essa inércia é a primeira grande barreira para fazer a transição de vida de forma bem-sucedida e duradoura.

E, resumo, você só faz uma mudança dentro dos patamares que você já conhece, ou acha que serem possíveis, e quando você não sabe o quê, onde ou como fazer essa mudança, você para!

Para navegar as transições da vida com assertividade, equilíbrio e consciência, você precisa aprender a mapear a sua transição, entendendo como aproveitar essa sua única vida, e se tornar a sua melhor versão, abraçando a mudança e a direcionando para o que realmente é importante para você, liberando tudo que te limita ou te sabota nesse processo. Isso é fundamental para então potencializar a sua transição, trazendo os elementos para ter grandes realizações.

Todo mundo entende que é impossível deixar uma cadeira estável, se uma única perna sua estiver desnivelada. Mas pouquíssimas pessoas enxergam que na vida acontece a mesma coisa.

Quando você alcança esse novo estágio da sua vida e os estágios que existem além dele, você então experimenta um aumento substancial e exponencial de significado e realização, que irão muito além da média da população. Porém, se você não estiver com todos os seus pilares calibrados e harmoniosamente alinhados, seus resultados vão refletir isso.

Tenha um *roadmap* de como construir o seu novo projeto de vida, o mapa estratégico para olhar o todo e entender de forma inteligente como aproveitar esse momento para evoluir como pessoa, ajustar a sua trajetória de vida para direcioná-lo e deixar alinhado com o seu propósito.

Esse é o primeiro passo para começar uma transição de vida com maior significado e realização. Isso vai ajudá-lo a saber como abraçar a mudança e utilizar esse momento para alavancar os seus pontos fortes, potencializar a sua confiança, coragem e poder pessoal, que são os elementos essenciais para seguir no seu projeto de vida com propósito, com assertividade, foco e equilíbrio.

Tudo isso sem deixar de lado a liberação dos elementos que podem sabotar as suas decisões e escolhas, como o medo, as crenças limitantes e as emoções negativas.

Fazer uma transição de vida bem-sucedida não é uma questão de sorte ou talento, e sim de planejamento e clareza, mesmo nos momentos de adversidade.

O jogo muda, quando temos a consciência de que podemos fazer as transições e encurtar esse processo, de modo bem-sucedido e assertivo. Aproveitarmos as experiências nossas e de outras pessoas que já passaram por isso algumas vezes nos ajuda e muito.

Porque cada atitude importa, cada aprendizado é somado às suas habilidades e dons, e não evoluir nesse momento, por mais duro que seja, é abrir mão de uma oportunidade, e na vida não existe uma segunda chance.

O maior arrependimento das pessoas nunca é pelos erros que cometem, e sim por tudo que deixaram de fazer. Pela vida que deixaram de viver.

É difícil, não é fácil arriscar. O medo paralisa, mas é aí que está a grande diferença entre as pessoas que estão vivendo uma vida com consciência e as que vivem sem propósito.

O medo sempre vai ser o seu maior companheiro da jornada, e para você não se posicionar como um refém ou uma vítima, você precisa aprender a viver com ele.

Na vida linear, quando você vive a jornada sem consciência, o medo, as crenças e as emoções vão te impedir de ser a melhor versão que você pode ser, você vai se autossabotar.

Na vida exponencial, quando você escolhe a jornada com consciência, inclusive os passos para fazer a transição de vida de forma bem-sucedida e duradoura, você vai eliminar os elementos que poderiam te sabotar durante o seu trajeto.

Dos elementos de autossabotagem, o medo é o que tem o papel mais forte durante a transição. Porém, se você torná-lo seu amigo, sendo o seu guia para te mostrar que você encontrou algo precioso, as coisas tomam uma nova direção.

O medo tem várias caras, podendo ser de assumir risco, de sair da zona de conforto, ou até mesmo o medo do sucesso. Questões como: e como vai ser? O que será que vão pensar? O que vão falar? E se eu perder tudo o que eu já conquistei até hoje?

Tudo isso te impede de seguir em frente, porque te deixa com medo de dar o seu próximo passo. Por isso mesmo, eu te pergunto: e se você jogar tudo isso no lixo, todos esses medos, a insegurança, a procrastinação, as dúvidas, o que te sobra?

Entender o que você irá perder se continuar procrastinando, permanecendo na inércia, tanto hoje como daqui a alguns anos, te mostrará o quanto vale a pena enfrentar, ou não, todas essas questões. Você está no comando!

## Assumindo Riscos Calculados

> *"O grande risco é não assumir nenhum risco. Em um mundo que muda, de verdade, rapidamente, a única estratégia com garantia de fracasso é não assumir riscos."*
> Mark Zuckerberg

Assumir riscos calculados é uma das maneiras de ganhar acima do mediano/esperado, quer seja em investimentos, quando se trata de finanças, quer seja em situações da vida, quando, por exemplo, aceitamos uma oportunidade que transforma nossa vida.

Os ganhos nem sempre são garantidos, porém, quanto maior o risco, maiores as recompensas. Saber mitigar e remediar os possíveis prejuízos e perdas é uma maneira para então seguir em frente, quando uma boa oportunidade aparece em sua vida.

Principalmente para não precisar "arcar" com o arrependimento de não ter aproveitado a oportunidade.

Assumir riscos vale a pena porque tira da frente a chance do arrependimento futuro e nos traz a certeza absoluta de vivermos intensamente.

Algumas pessoas não têm vontade de assumir riscos, e isso pode estar atrelado ao fato de elas não se garantirem, não acreditarem nas próprias habilidades e competências, em resumo, não confiarem em si mesmas.

Em outro contexto, o desejo de mudar pode não ser grande o suficiente para haver a mudança. Em geral, a vida fica estagnada porque não existe razão ou motivação para fazer a mudança. É preciso ter coragem e confiança em si mesmo para assumir o risco calculado e fazer a mudança desejada.

Assumir riscos calculados é completamente diferente de assumir riscos tolos e inconsequentes que podem causar mais problemas do que benefícios. Antes de assumir um risco, veja sempre a situação ou o contexto "de cima", a visão do todo, e as possíveis consequências da escolha. Se você quer assumir um risco calculado, precisa considerar alguns pontos antes de fazer sua escolha.

Existem cinco passos para avaliar, antes de assumir um **risco calculado:**

**1. Clareza dos resultados que você quer alcançar:** o começo de tudo é saber o que quer, o porquê e aonde quer chegar. Algumas perguntas para ajudar nessa reflexão:

- O que eu quero alcançar? Qual é meu objetivo, resultado final?
- Existe alguma maneira de mitigar esse risco? Como?
- Qual o pior cenário que pode acontecer se eu assumir esse risco?
- Esse é um risco inteligente para assumir?

2. **Lições aprendidas:** ao longo da nossa vida, vivemos várias experiências. Colocar na mesa as "lições aprendidas" durante a vida na hora de tomar uma decisão que envolve risco ajuda a selecionar as melhores opções e, portanto, encontrar as melhores escolhas e decisões.

Aprender com as suas próprias "lições aprendidas" ou com os aprendizados dos outros é a melhor forma para se preparar quando for assumir riscos.

Algumas perguntas para ajudar na reflexão:

- Eu já passei por alguma situação similar antes? O que aconteceu? O que aprendi?

- Qual era o risco envolvido? Como mitiguei? Quais foram os pontos de consideração?

3. **Tomando a decisão:** esse é o momento de tomar a decisão e definir se vale a pena ou não assumir o risco que está sendo analisado.

No passo anterior já foram analisadas as possibilidades, os riscos e cenários envolvidos, as formas de mitigar cada um dos riscos e a estratégia preparada, com uma visão clara dos próximos passos e possíveis circunstâncias.

Agora chegou a hora de decidir. Assuma ou não o risco, decida e siga em frente com confiança e assertividade. Sem arrependimento!

4. **Crie o seu plano de ação:** crie um plano de ação com os passos, metas, recursos, possíveis resultados (criação de cenário positivo e cenário negativo), passos e cronograma em alto nível. Perceba se esse é o melhor momento para assumir o risco, e qual é o seu apetite de risco. Sempre considerando outras formas de mitigar possíveis riscos e consequências, e se você estará disposto a lidar com todas as consequências.

5. **Avaliação dos próximos passos da decisão tomada:** com a decisão feita, agora é hora de avaliação dos resultados. Sucesso ou fracasso são resultados. Quando temos sucesso, o próximo passo é definir uma nova meta ou objetivo. Quando fracassamos,

devemos reavaliar a estratégia utilizada e, sempre que necessário, fazer os ajustes adequados nas estratégias e ações.

Independentemente do que aconteça, lembre-se que, a longo prazo, assumir riscos calculados é uma ótima maneira de obter ótimas recompensas e VENCER.

A maior parte dos arrependimentos que podemos ter deve-se ao fato de não termos feito algo, e não de termos assumido o risco. Uma última reflexão: "Como esta experiência pode me ajudar a melhorar meus resultados futuros? Quais oportunidades apareceram com essa experiência?"

Defina sua meta maior (meta de vida), porém estabeleça pequenas metas (de 1 ano, de 3 meses e de 1 mês) durante a jornada.

Independentemente do tamanho dos passos, seja consistente, com garra, persistência e perseverança sempre. Tenha claros quais riscos você está disposto a assumir, sabendo das consequências e recompensas dessa escolha. Defina padrões que te mantenham estimulado, desafiado e focado. Aumente sim os seus padrões, porém de forma progressiva, para também manter seu nível de motivação elevado.

Ambos, o crescimento e a maturidade, levam tempo para ser alcançados, da mesma forma que a experiência, que vem como resultado de caminhar a sua jornada de evolução com consciência.

# PARTE IV – AUTOMAESTRIA, VOCÊ NO COMANDO

*"Aprender não é definitivamente uma
mera imitação ou a capacidade de acumular
e se conformar a um conhecimento fixo.
Aprender é um processo constante
de descoberta e nunca uma conclusão."*
Bruce Lee

# A Fundação para a Automaestria

Os sentimentos são os mais variados e de certa forma inquietantes. Para alguns, a busca da sua automaestria se torna algo excitante, desafiador e o grande impulso para a sua evolução. Para outros, o efeito é o oposto, gerando maior medo, desespero e um sentimento de desorientação.

Continuar seguindo os velhos condicionamentos, padrões e crenças, depois do despertar da consciência, é praticamente impossível. Ultrapassar os primeiros estágios, que nos forçam a "ficar de frente" com as nossas próprias sombras, dores e sofrimento, é aterrorizante, porém é o mais libertador.

> *"Todos nós temos um guia dentro de nós, que se prestássemos atenção, perceberíamos que é melhor do que qualquer outra pessoa pode ser."*
> Jane Austen

Seguir a manada já não faz mais sentido, pois a certeza de que a solução está no seu caminho único está mais clara do que nunca. Você já não consegue seguir ou aplicar aquilo que as pessoas - que em algum momento você julgou serem mais poderosas e sábias que você - continuam te dizendo sobre o que fazer, como se comportar, o que escolher ou o que se tornar.

Você era controlado e manipulado por fatores externos, só que não mais. A consciência te mostrou o que estava acontecendo, um monte de distrações externas, vários poderes e forças, mas agora você sabe quais são, e exatamente por isso, elas já não têm mais poder sobre você.

Infelizmente, nem todo mundo ainda consegue ver ou entender que é possível, sim, mudar esse jogo, esse contexto de vida que não faz sentido e não traz felicidade.

Você tem consciência de que todas as manipulações eram para desviar a sua atenção do que realmente era importante para você, para te deixar na vibração de medo, culpa e intimidação. Não foi fácil sair desse condicionamento que predomina na consciência coletiva, ou sistema de massas, mas você conseguiu e por isso já faz parte de um grupo seleto em que cada um está se tornando o seu próprio mestre e criador da sua vida.

Agora é a hora de *hackear* a sua vida, ver o que você já conquistou até esse momento e trazer maior clareza para o seu projeto de vida com propósito e para as suas metas de longo e curto prazos.

Isso significa reunir todos os recursos, intensificar as suas forças, habilidades e dons únicos, enquanto masteriza a liberação das camadas mais profundas, para eliminar quaisquer resquícios de elementos de autossabotagem, e ativar os seus potenciais exponenciais, alinhados com a vida exponencial que você vai começar a criar.

Lembre-se de que você sempre está no comando, você é o seu próprio mestre, e tudo o que você faz, todas as decisões e escolhas são 100% suas. Para ser o CEO da sua vida, você precisa ser corajoso, ousado e comprometido com o seu projeto de vida.

Para executar o seu projeto, muitas vezes, você vai precisar abandonar tudo aquilo que não está operando a seu favor, que não te traz alegria ou felicidade.

A meta precisa sempre estar atrelada à sua autorrealização maior, ao seu projeto e missão de vida.

Viver o "algo maior que você", é dar vazão à expansão da sua alma, àquilo que faz o seu coração bater mais forte, e isso é conhecer o seu propósito, colocando-o a serviço do bem maior de todos. O resultado é a construção do seu legado, gerando um grande impacto no mundo.

A jornada da evolução consciente é uma aventura na qual existe uma única regra: estar sempre no momento presente. O estado de presença 100% no aqui e agora é o que permite acessar as infinitas possibilidades de escolha, com a percepção expandida da realidade, porque permite ouvir a sua intuição e perceber os insights, do melhor caminho e melhor escolha. Junto com esse estado de presença, assumimos a responsabilidade pessoal por escolher como iremos reagir a qualquer situação.

Essa jornada é guiada por escolhas, e não existem escolhas certas ou erradas, porque, de uma maneira ou outra, as escolhas sempre levam para o seu melhor caminho de evolução individual, que também é impactada e gera impacto na evolução coletiva.

Expandir a consciência é o que permite que a escolha aconteça dentro de uma amplitude maior de possibilidades, mais alinhadas com a sua essência.

A restrição de percepção e, portanto, de possibilidades, faz com que a escolha aconteça dentro de limitações, do que é conhecido, porém, para que a escolha aconteça alinhada com a sua essência, muitas vezes expandir as possibilidades não é um luxo, mas uma necessidade.

A necessidade de expandir a consciência acontece a partir da sua jornada de evolução individual, que está ancorada na realização da sua alma, sua essência. Quando você tem uma percepção limitada da sua realidade, a sua essência vai tentar encontrar alguma coisa que possa ser o seu propósito, dentro daquilo que você conhece ou aceita como a sua percepção da realidade.

O que acontece, na maioria das vezes, é que a sua verdadeira realização está além das dimensões conhecidas do mundo linear. Em outras palavras, para encontrar o seu propósito e o que realmente te traz a verdadeira realização, você precisará dar um passo além, e isso implica em expandir a sua consciência e, com ela, a percepção do que você entende que pode ser a realidade.

Acessar outras percepções vai te dar a oportunidade de sentir qual delas realmente te traz maior empolgação, motivação e entusiasmo. Esses sim são os sinais que a sua essência irá te dar para te mostrar o caminho. Enquanto você estiver "achando" que o seu caminho é aquele, muito provavelmente, ele não é. Isso porque, quando for o seu caminho, isso vai te trazer uma certeza absoluta de que é isso que você tem que fazer. Você vai deixar de achar e vai ter certeza de que é o caminho.

Testar o seu propósito, falando com pessoas, pesquisando, participando de grupos, comunidades e fóruns, é uma boa maneira de você encontrar essa certeza absoluta, tanto para o sim, como para o não.

Essa certeza absoluta do seu caminho é a sua fundação maior para a vida exponencial, principalmente quando se começa o trabalho da automaestria.

A automaestria é o estágio no qual você está imerso e em ação para tornar o seu projeto de vida com propósito em realidade. Por isso, é importante a certeza do caminho, para que a maestria e o domínio do seu processo de transformação pessoal estejam alinhados com o direcionamento da vida exponencial que você está construindo.

O domínio da sua transformação pessoal acontecerá em três níveis, que são:

**Nível de consciência**: expandir a consciência, dentro do entendimento da jornada de evolução humana, tanto a nível individual como coletivo, te ajuda a entender o seu nível atual e os principais pontos de consciência a serem desabrochados;

**Nível de desenvolvimento**: ter o entendimento da consciência a ser desenvolvida e a clareza dos passos e ferramentas para aplicar no seu aperfeiçoamento para liberar, aperfeiçoar ou masterizar o que for necessário dentro da sua vida.

**Nível de evolução**: com a clareza da consciência e dos passos do desenvolvimento, é importante definir os passos para a manutenção das novas sabedorias adquiridas e para acelerar a evolução dos estágios seguintes, com atenção específica para a sua evolução contínua.

Esses três níveis são aprofundados na inovação do ser e na ativação dos potenciais exponenciais. A masterização desses dois aspectos acontece na automaestria, quando as camadas de transformação pessoal acontecem mais profundamente, já que a transformação está sendo vivenciada dentro do contexto do novo mundo exponencial.

Na inovação do ser, a integração e a libertação das sombras, ou das camadas que rejeitamos em nós mesmos, alcançam níveis profundos, colocando o indivíduo dentro de um outro contexto de realidade. Fortalece o seu poder pessoal através do auto-amor e autoaceitação das suas sombras e imperfeições.

Nessa jornada, a maior chave para progredir na expansão da consciência, desenvolvimento e evolução pessoal é eliminar o medo do nosso corpo, mente e emoções. Liberar o que não serve mais, com perdão e amor, e aceitar as suas perfeitas imperfeições é o que te levará a acelerar o seu processo de acessar a sua automaestria.

A única pessoa que você pode salvar é a si mesmo. Isso não é ser egoísta e sim saber prezar pela sua existência e evolução, tanto em âmbito individual como coletivo. Salvar a si mesmo é a única forma de ajudarmos a salvar o todo.

No estágio de automaestria, acontece a masterização da sua inovação, colocando o indivíduo dentro de situações que muitas vezes exigem uma ruptura com o contexto externo antigo, que já não faz mais sentido. É comum o rompimento de relacionamentos com pessoas próximas, por exemplo familiares, onde até um certo momento se julgavam "responsáveis" por você, ou então pelos quais você sentia um "senso de dever e obrigação", algo que necessariamente não precisariam ter.

Essa ruptura costuma representar o grande salto na evolução consciente individual, significa que o indivíduo assimilou a sabedoria de ser o único responsável por prezar sua existência e processo de evolução.

Na masterização da ativação dos potenciais exponenciais, o grande desenvolvimento acontece na maior integração e assimilação das próprias virtudes, tornando o indivíduo a sua versão mais perfeita de si mesmo, já que as grandes qualidades humanas, virtudes e habilidades dão um salto do nível de integridade do ser humano.

Todas as pessoas trazem várias características potenciais de personalidade no seu mundo interno, armazenadas na estrutura genética de seus sistemas de quatro corpos: físico, mental, emocional e espiritual/etérico. Depende de cada pessoa determinar que características de personalidade desenvolverá e apresentará ao mundo externo.

Na vida exponencial, essas características estão alinhadas com o seu sentido de vida com propósito e, por isso, é necessária a ativação de novos potenciais, que já são inatos, porém podem estar inativos, pelos condicionamentos da vida linear em que estão inseridos.

Quanto mais rápido neutralizar ou harmonizar os traços negativos de personalidade, desenvolvidos no contexto de vida linear, mais rapidamente o seu potencial exponencial e a sua automaestria emergirão. Somente então, você irá acessar o seu pleno potencial, como mestre e criador da sua realidade.

Algumas práticas, como a meditação e a respiração consciente, podem acelerar o processo da expansão da consciência, e a prática do *flow* transcendental pode acelerar o desenvolvimento e a evolução contínua.

Todos podem colher os benefícios da meditação, que pode ser praticada a partir de 10-15 minutos por dia. O mesmo vale para a respiração. Fazer respirações profundas e conscientes, por 1 minuto, pelo menos 3 vezes ao dia (manhã, meio do dia e à noite), traz praticamente os mesmos benefícios da meditação. Encontrar 3 minutos para respirar de forma consciente não deveria ser tão difícil.

O *flow* transcendental é a prática pela qual acionamos o que nos move com empolgação e entusiasmo. Praticá-lo diariamente te ajuda a entrar no estado alfa, de maneira consciente e condicionada. O esforço é necessário nas primeiras vezes, depois essa prática se transforma em hábito, e o esforço desaparece.

Entrar em ação no estado alfa, o *flow* transcendental, faz com que a expansão de consciência, o seu desenvolvimento e, portanto, sua evolução aconteçam de maneira natural e integrada, com a conexão do seu corpo, mente, emoções e espírito.

A masterização destes três níveis, autoconsciência, inovação do ser e ativação dos potenciais exponenciais, é a base da automaestria. Quando esse estágio está maduro, é iniciado o estágio seguinte, da autorrealização. É então o momento de colher as recompensas de todos os esforços e da dedicação.

A automaestria irá transformar o seu contexto de vida de sofrimento e escassez em uma nova vida, de amor e abundância, pelo fato de ter assimilado a sabedoria, conhecimentos e aprendizados. É um processo passo a passo, não tem como apressar.

Ao dominarmos o processo de transformação pessoal, confiança, coragem e poder pessoal são fortalecidos e, com isso, conseguimos ver mais facilmente os padrões, crenças e condicionamentos, em todos os lugares.

Quando percebemos esses elementos em nós mesmos, já temos as ferramentas e práticas para transformar o que não faz mais sentido para nós dentro do novo contexto de vida exponencial. Isso acontece de forma mais acelerada, afinal, os estágios de inovação do ser, potencializados pelo estágio da automaestria, ajudam a passar pelo processo mais rapidamente.

Porém, quando os condicionamentos, crenças e padrões são identificados nos outros, muitas vezes, devemos agir somente como observadores, com uma atitude de compaixão e imparcialidade. Isso porque cada ser humano é o único responsável pela sua própria evolução. Ninguém vai evoluir porque você quer, e sim, porque ele quer.

O desejo de mudar precisa vir da essência, do coração, para ser autêntico e duradouro. Querer acelerar o processo do outro, sem que o outro queira, e tome iniciativa, pode ser prejudicial tanto para o outro como para você mesmo.

Independentemente do que o outro escolha para ele, o importante é você se sentir confortável sabendo que essa jornada de evolução é o seu caminho de autorrealização.

A conquista da automaestria vem através do poder pessoal, que é uma atitude mental. Ou seja, somos nós que escolhemos ter poder pessoal interior, aquele que nos empondera e reforça as nossas decisões e comportamentos mais elevados.

O poder pessoal está diretamente associado à sua capacidade de estar no momento "aqui e agora", para tomar decisões seguindo o seu discernimento intuitivo através do *flow* transcendental. Isso é confiar em si mesmo, acreditar que você saberá o que for necessário quando precisar saber, além de se permitir 'entregar' ao TAO, tendo certeza de que as melhores decisões serão tomadas dentro do *flow* transcendental, quando as situações surgirem. Esse é o verdadeiro poder pessoal: acreditar que você saberá tomar as melhores decisões quando for necessário.

Quando você atinge este estado de *flow* transcendental por um longo período, você desenvolve confiança, poder e força em si mesmo que se tornam inabaláveis, a ponto de liberar o controle que o seu ego tem sobre você, já que ele não terá mais controle sobre os seus pensamentos e nem sobre as suas emoções, já que a sua voz vem da sua essência interior, ou seja, do seu coração.

Quanto mais experiências de *flow* transcendental, dentro do "estado alfa", você experimentar, maior o equilíbrio interior, o que refletirá em maior controle emocional e clareza mental. O seu poder pessoal é o grande elemento para alinhar você com o que é positivo e bom para você, te sintonizando com a sua verdade interior.

## A consciência das leis universais

*"Há duas maneiras de viver uma vida:
a primeira é pensar que nada é um milagre,
a segunda é pensar que tudo é um milagre.
Do que eu estou seguro é que Deus existe."*
Albert Einstein

Existem várias leituras dentro do budismo, hinduísmo, taoísmo, dentro da própria Roda da Samsara. Mas há clareza de que, quando você estiver ajudando e o outro estiver se sentindo na obrigação de aceitar a sua ajuda, isso significa que a sua ajuda não será bem recebida e, portanto, existe a grande possibilidade de você gerar um Karma, uma ação que gera uma "dívida" com o outro, mesmo com a intenção de fazer um Dharma, que é uma ação para o bem do outro.

A consciência das leis universais é o único elemento que pode evitar que você crie um contexto indesejado para você mesmo. Esteja presente 100% no "aqui e agora" e permita que a sua intuição e insights surjam, para ter a clareza de que a sua ação será bem recebida verdadeiramente. E, muitas vezes, basta se questionar: "O que o outro espera? O que o outro realmente quer? O outro quer receber alguma coisa?".

Tornar-se o seu próprio mestre pode ser assustador para muitas pessoas, já que muitos se posicionam como vítimas, e se sentem sem saber como assumir a responsabilidade pelas suas próprias vidas. Mas isso não é complicado como muitos podem achar.

Ao mesmo tempo, precisamos entender que todos nós podemos aprender uns com os outros. Se uma pessoa tem maior conhecimento do que você em alguma área, é o caso de se questionar se o conhecimento que ela tem é algo que vale a pena você aprender para fazer por si mesmo, ou não. Principalmente quando se trata de autoconhecimento, autocura ou desenvolvimento pessoal.

Aprender a pensar por si mesmo, não aceitar o que é porque é. Ter clareza do que é feito e porque é feito, questionar quando sentir que algo não faz sentido, fazendo o filtro com a sua consciência interior, sua essência e seu coração.

Algumas características das pessoas que já alcançaram a automaestria são:

- Aprenderam a se colocar em primeiro lugar, sem se sentirem culpados sobre ser egoístas, pois entendem que ser a sua própria prioridade é prezar pela sua existência e necessário para continuar no seu processo de evolução;
- Sabem quando falar e quando silenciar. Para isso, desenvolvem a habilidade de ouvir;
- Aprenderam a reconhecer o momento que algo precisa ser liberado, quer sejam sentimentos, crenças, comportamentos ou padrões, e que isso inclusive é uma grande ferramenta para fazer as "pazes com o passado";
- Desenvolvem uma seleção natural das coisas que fortalecem a sua coragem, confiança e poder pessoal, evitam notícias sensacionalistas e de violência, que geram impotência, frustração e raiva;
- Aprenderam a perdoar, tanto a si mesmos como ao outro;
- Tornaram-se observadores dos contextos de drama e negatividade, identificando a negatividade, mas não se identificando com ela;
- Mantêm um estado mental e emocional imparcial em relação ao seu entorno, inclusive na relação com as pessoas que convivem, e aprenderam que isso faz parte do "não julgamento";
- Buscam a sua verdade interior, a conexão com a sua essência, para então vivê-la no seu dia a dia, na sua melhor capacidade e com as suas melhores habilidades e dons;
- Aprenderam a expandir a sua consciência diariamente, e agir dentro do momento presente, no "aqui e agora";

- Desenvolveram paciência e tolerância, não permitindo que nada e ninguém tire a sua serenidade e paz interior;
- Aprenderam que o processo de evolução é individual e que anular ou postergar o seu avanço na jornada, por se sentir com falso senso de dever, lealdade ou responsabilidade alheia, significa não prezar pela sua existência.

Os que estão no caminho da automaestria não vão se permitir ficar estagnados e estão dispostos a romper esses relacionamentos que impedem o avanço da sua jornada de evolução. Essa atitude libertadora se confirma como a mais assertiva quando você percebe que o seu avanço é o que de fato ajuda o outro a avançar no seu processo de evolução.

Essa última característica tem sido a barreira de maior dificuldade para as pessoas que começam a sua jornada de evolução, já que muitos à sua volta não estão neste processo. Por isso, é preciso muito esforço para que, chegado esse momento, não abdiquem do seu processo de evolução e automaestria.

A era dos gurus já terminou. A nova era é da automaestria, em que buscamos sempre viver a nossa verdade maior, dentro do melhor que podemos ser e dar ao mundo.

## O Poder da Criação Individual

*"Nós não precisamos de mágica para mudar o mundo, nós já carregamos todo o poder que precisamos dentro de nós:
o poder de imaginar algo melhor."*
*J. K. Rowling*

A confiança, coragem e poder pessoal, conquistados pela automaestria, fortalecem a necessidade de tornar o seu propósito uma realidade de uma forma expandida e pensando grande. Por isso, o poder da criação da nova vida exponencial é uma habilidade desenvolvida junto com a automaestria, já que a certeza do seu poder pessoal é a base para escolher, viver e ter a vontade de criar o seu projeto de vida com propósito, por ser a verdade de quem você realmente é.

Eliminar todos os possíveis elementos de autossabotagem, durante os estágios de autoconsciência, é o que permite entrar nessa segunda fase, da automaestria, sem incertezas ou medos da personalidade.

Na vida exponencial, existe um empenho de modo contínuo para controlar a sua personalidade, corpo, mente e atitudes, frente ao desejo egoico, principalmente durante os primeiros estágios da autoconsciência. À medida que se entra na automaestria, o caminho fica mais estreito e começa então o esforço pelas escolhas mais elevadas, para o seu bem mais elevado e o bem maior de todos os envolvidos.

O foco, a clareza do que se quer, e o poder dos seus pensamentos e ações vão determinar o quão aceleradamente os seus desejos irão se manifestar na sua vida. Enquanto estiver fazendo isso, é importante também se tornar observador do processo e ajustar suas prioridades para adaptar os seus sonhos, o seu propósito. Para isso, você precisa desenvolver um grande senso de confiança interior.

**O que você pensa você cria. O que você sente você atrai. Pensamentos e sentimentos criam realidades. Tudo que existe começa com um pensamento.**

É uma etapa importante quando o medo da mudança avança em direção ao entusiasmo e à expectativa do que o futuro reserva.

Quanto mais você avança na sua jornada de evolução consciente, menos fica interessado nos pequenos dramas, nas distrações e no sensacionalismo ao seu redor. A sua perspectiva mais elevada, sendo o seu próprio mestre, permite considerar e perceber os dramas como um observador, e não como um participante.

Dominar as suas emoções, a sua mente e seus pensamentos fortalece a sua capacidade de concentração e foco no que é importante para você.

A autodisciplina é crucial, para ser bem-sucedido nesta empreitada, juntamente com a sua autorresponsabilidade e comprometimento com a sua jornada de vida com propósito. Requer crença, intenção e expectativas inabaláveis, além de grande otimismo. E isso não é menos do que ter o domínio mental completo, sem deixar espaço para medos, incertezas ou dúvidas.

Estar consciente das suas emoções e dos seus padrões de pensamento é um componente decisivo no processo de criação da sua vida exponencial. Tanto os pensamentos como as emoções e sentimentos emitem frequências, e eles precisam estar em coerência no pensar, falar, sentir e agir.

O desafio desse estágio, portanto, é manter o seu estado de consciência em coerência com o que realmente é importante para você. Para ajudar no processo, além de ter os controles mental e emocional alinhados com o que você quer, ter clareza da sua visão, do que você quer, ajuda no ancoramento da nova realidade.

Você pode construir mentalmente o seu desejo, de forma que as imagens fiquem nítidas e emitindo as frequências do novo que você quer na sua vida.

A grande força da energia de criação, ou energia do comando, vem do coração, que realmente sabe o que você veio para se tornar, o que quer realizar. É ele que ativa o seu "quociente de gênio", te tornando capaz de agir e reagir de um modo individual e original, através das escolhas que fizer, expressando a sua individualidade de maneira autêntica.

Esse fluxo é colocado em movimento ao ativar uma intenção consciente do desejo do seu próprio coração, através de um pensamento intencional. Durante essa abertura de pensamento de desejo e propósito consciente, conforme você aprofunda o seu foco na intenção do seu propósito, você sentirá uma expansão natural da energia de criação dentro de você.

O seu pensamento intencional, a partir daí, torna-se uma visão através da visualização, que acontece pela imaginação.

A imaginação, que é a sua capacidade de visualizar com a sua mente e o seu cérebro, é o próximo passo desse processo de criação, para tornar realidade o que você realmente quer. A criação existe dentro da sua consciência, e incluir o elemento dos sentimentos é o que ativa a experiência cerebral completa, pois tanto o hemisfério direito - emoção e criatividade - como o esquerdo - ação e racional - serão ativados, tornando a imaginação algo que é vivenciado e, portanto, emitindo maior energia eletromagnética.

Visualizar a sua criação, com frequência, fortalecerá a sua realização, tornando-a bem-sucedida.

> *"O que a mente pode conceber e acreditar a mente pode alcançar."*
> *Napoleon Hill*

Algumas pessoas acreditam que a imaginação é uma "perda de tempo", mas, na verdade, é uma ferramenta sobre a qual temos total controle e poder, e que transforma a nossa realidade quando não existe o "medo do julgamento", porque esse sim é a grande barreira para tornar a sua criação em realidade.

Medo de ser julgado por ser quem você é e por desejar o que você deseja, e se for esse o caso, não precisa compartilhar a sua criação até o momento em que ela se tornar realidade. Lembre-se de que a sua criatividade é uma grande força pessoal.

Geralmente, isso alimenta a síndrome do louco versus o gênio. Enquanto a sua criação ainda é sonho, muitos podem te julgar, dizendo que você é um louco. No entanto, muito provavelmente, essas mesmas pessoas, na hora que virem o seu sucesso, serão as mesmas que dirão que você é um gênio. Ou então serão aqueles *haters* de carteirinha que, independentemente do que você fizer, o julgamento nunca será a seu favor. E se esse for o caso, não é algo com que você deverá se preocupar.

Livre dos julgamentos externos, a sua atenção precisa estar no seu autojulgamento e no que você acredita que é o melhor para você, no que você precisa ser, ter e fazer para tornar realidade a sua criação. Seguir o fluxo da sua própria conexão e orientação interior vai te ajudar a afastar esses resquícios de autossabotagem.

O foco precisa estar na sua consciência e intenção pessoal, que é o que criará a ativação inicial e o nascimento do fluxo de sincronias e insights do seu propósito. É importante que contenha um sentimento de empolgação, alegria e entusiasmo para aquilo que você escolheu manifestar para si mesmo.

Essa é a sua expressão de energia de criação sendo sentida por você, dentro da sua essência, do seu coração. Esse desejo intenso e profundo é fundamental para a criação acelerada do seu propósito. Porém, esse desejo precisa ser expandido para a mente, a parte mais racional de você mesmo, que inclui também a ação. Do contrário, corre-se o risco de que esse sonho continue sendo só uma ideia, sem nunca se tornar realidade.

Outro ponto importante no processo de criação é não trazer elementos que você não queira. Para isso, é necessário esquecer o velho e focar 100% o novo, no que você quer.

O entendimento do provérbio "tudo que resiste persiste" é muito valioso nesse processo, já que, ao lembrar ou focar o que você não quer, você coloca a sua atenção nele, e tudo em que você coloca atenção se mantém na sua vida.

O segredo é esquecer e deletar o que você não quer, focando somente o que você quer. A visualização é isso, ou seja, imaginar o 100%, o mundo novo. Você é o único criador e o responsável pela realidade que você está vivenciando e irá vivenciar.

A respiração é novamente um elemento-chave, junto com a visualização da sua nova vida exponencial. Ela ajudando a expandir a consciência, com transcendência dentro do estado de presença "aqui e agora", ao mesmo tempo que muda a maneira e o modo de pensar e de perceber o todo.

# Mindset, a Mentalidade Exponencial

*Mindset* é o tipo de mentalidade que possuímos. Na vida exponencial, o *mindset* que predomina é o que leva à sua evolução, fazendo com que tudo aconteça para produzir resultados exponenciais. Por isso, os três *mindsets* predominantes são:

- *Mindset* de crescimento e evolução.
- *Mindset* empreendedor.
- *Mindset* de produtividade e realização.

Quando combinamos os três tipos de mindset, atingimos o mindset exponencial.

## *Mindset* de crescimento e evolução

De acordo com a professora Carol Dweck, da Stanford University, há dois tipos de *mindset*, o fixo e o de crescimento, conforme o livro "*Mindset: The New Psychology of Success*".

A diferença entre os dois tipos é que quem possui o *mindset* de crescimento acredita que a inteligência pode ser desenvolvida, e quem possui o *mindset* fixo acredita que a inteligência é estática e inata, ou seja, ou você já nasceu inteligente ou não.

Quem possui *mindset* fixo evita desafios, desiste facilmente quando surge um obstáculo, acredita que esforço é algo infrutífero, ignora críticas e se sente ameaçado pelo sucesso dos outros.

Como resultado, essas pessoas tendem a atingir um nível de realização menor que o do verdadeiro potencial que possuem.

Já quem possui *mindset* de crescimento geralmente abraça desafios, vê os obstáculos como oportunidades para se superar, acredita que o esforço ajuda na sua masterização, aprende com as críticas e encontra lições e inspiração no sucesso dos outros. Como resultado, eles atingem um nível maior de realização e conquistas.

E você, consegue identificar qual é seu *mindset* predominante?

Para atingir a excelência, é preciso ter um *mindset* de crescimento e evolução. Senão, independentemente de ter sucesso, você sempre terá um "teto de vidro" limitando seu potencial maior.

Algumas atitudes de pessoas com *mindset* de crescimento e evolução:

• Sempre abraçam novos desafios e se adaptam às circunstâncias para atingir resultados consistentes;

• Estabelecem metas e objetivos que as desafiam e tiram da zona de conforto, assumindo mais riscos calculados;

• Aprendem e crescem com todas as experiências, veem os desafios como impermanentes e têm facilidade em se adaptar às adversidades;

• Quando não sabem o que fazer, continuam até descobrir a solução;

• Acreditam que a inteligência pode ser desenvolvida, e que a vida é uma jornada de crescimento e evolução;

• Sentem-se inspirados e motivados pelo sucesso dos outros;

• Podem não ser os melhores em algo, mas sabem que, com esforço e perseverança, atingirão a alta performance; e

• Veem oportunidade em todas as situações para aprender, crescer e se tornarem pessoas melhores.

Para quem tem um *mindset* fixo e quer mudar para um *mindset* de crescimento e evolução, o primeiro passo é trabalhar com as emoções, pensamentos, crenças e medos, que impactam todas as escolhas e decisões que tomamos. O segundo é criar hábitos implementando as atitudes listadas acima.

A partir do momento em que desenvolve os novos hábitos, você passa a ver a vida e as circunstâncias com o foco de crescimento e evolução.

## *Mindset* empreendedor

> *"O entusiasmo é a maior força da alma. Conserva-o e nunca te faltará poder para conseguir o que deseja."*
> Napoleon Hill

O *mindset* empreendedor é ter a atitude de alguém que se coloca em posição de realizar, ou seja, ter experiências e conhecer as pessoas e os recursos certos que irão te ajudar a atingir sua realização maior.

Esse *mindset* de "fazer acontecer" é um estado de espírito que é manifestado da forma como é percebido, de ir para a ação e interagir com as pessoas e circunstâncias ao seu redor.

As pessoas consideradas como grandes realizadoras, *high achievers*, geralmente são vistas como possuidoras de muita sorte, mas na verdade elas sabem se colocar em contextos para ter vantagens em todas as oportunidades que surgem.

Não é fácil cultivar uma mentalidade de "fazer acontecer". É necessário muito esforço, energia e dedicação, coisa que a maior parte das pessoas evita fazer.

Geralmente são pessoas mais agressivas, apaixonantes, astutas, proativas, com foco em resultado, que assumem riscos calculados e são flexíveis, possuem mente aberta e têm o hábito de fazer perguntas mais assertivas e diretas. A atitude proativa vem do fato de criarem suas próprias regras, padrões e expectativas. Vivem a vida nos seus termos e têm total controle do seu destino.

Esse é o tipo de mentalidade que te coloca em um nível mais elevado de motivação e que te ajuda a atingir sua realização maior, transformando seus sonhos em realidade.

Ter o *mindset* de "fazer acontecer" requer certo sacrifício e esforço da sua parte para fazer as mudanças necessárias para se tornar um *high achiever*.

Algumas atitudes de pessoas que possuem o *mindset* de "fazer acontecer":

- São ambiciosas e sabem exatamente o que querem;

- Sabem que para atingir a realização maior será necessário esforço, sacrifícios e comprometimento consigo mesmas e algo maior, seu propósito de vida maior;

- Sabem que o sucesso não é uma jornada do ponto A ao ponto B em linha reta, e sim que é necessário dar passos pequenos e consistentes sempre, com visão a longo prazo e ao propósito maior, até chegar o momento certo para abrir a oportunidade ideal;

- Ao desenhar um plano de ação, sabem ser flexíveis para se adaptar caso a circunstância mude;

- Sabem do poder da antecipação para evitar problemas maiores e mitigar os riscos de acontecerem;

- Sabem da importância de construir e aumentar a rede de contato com pessoas que têm o mesmo *mindset* e nível de motivação, além de complementarem conhecimentos e habilidades;

- Possuem uma autoconfiança inabalável. Todas as experiências, sucessos ou fracassos são vistos como resultados e, portanto, aprendizados ou oportunidades de progresso, que ajudam a dar os próximos passos de forma mais assertiva e bem-sucedida;

• Sabem a importância de trabalhar duro e de forma inteligente, com foco no propósito e senso de urgência e prioridade. Como resultado, focam o tempo nas atividades de maior valor e maior impacto; e

• Buscam sempre resultados extraordinários, vão com tudo e sabem dos sacrifícios necessários para fazer os sonhos se tornarem realidade.

## *Mindset* de produtividade e realização

*"Paciência, persistência e transpiração*
*fazem uma combinação imbatível*
*para o sucesso."*
Napoleon Hill

O tempo costuma ser uma desculpa muito comum para justificar o fato de não alcançar a realização maior. Isso impacta basicamente a produtividade do dia a dia.

Pode-se estar ocupado fazendo reuniões, lendo e-mails, seguindo as atividades diárias, resolvendo problemas de última hora, além de tocar vários projetos e atividades ao mesmo tempo.

Mas é muito fácil nos perdermos em atividades irrelevantes, insignificantes ou desnecessárias, que não agregam em absolutamente nada as nossas metas de vida e nosso propósito maior. Ao mesmo tempo, estar sempre ocupado é um hábito ruim, e dá uma falsa sensação de produtividade e realização.

Quando ouço a frase "Não tenho tempo", logo percebo que, em geral, a pessoa está gastando tempo com coisas erradas, ou de menor importância, e que não sabe exatamente o que de fato é importante para a vida e para o dia a dia. Se não tem tempo hoje, não terá tempo amanhã e sempre estará atolado, fazendo muitas coisas.

Estar genuinamente ocupado é estar fazendo algo importante para a sua vida. Significa que você está utilizando o seu tempo com atividades de alta prioridade, as quais irão te trazer os maiores valores e resultados a longo prazo, com base no seu propósito e objetivo de vida maior.

Para trabalhar de forma inteligente, você precisa saber quais são as prioridades "mais importantes" do seu dia. Compreender as razões certas irá te ajudar a entender como definir melhor as prioridades no seu dia a dia.

Um hábito saudável é definir as atividades do dia na noite anterior. Quais são as três coisas mais importantes a serem feitas no dia seguinte? Quais são as atividades a serem evitadas (exemplo: tempo com mídias sociais ou televisão)?

Foco no que realmente importa!

**DESAFIO AO ACORDAR**
Pare e pense: o que é importante fazer hoje?
Entenda por que isso é importante.
Aonde isso vai me levar?

Focar a área da sua vida que você deseja modificar, dirigindo a energia e concentrando o esforço das ações para que a transformação aconteça, é uma das características do *mindset* exponencial, utilizado pelas pessoas que se tornam o seu próprio mestre.

É imprescindível aprender a permanecer centrado, mesmo quando se enfrenta críticas, o desenvolvimento do controle emocional é, portanto, mandatório e não opcional.

Aprender a liberar o medo de tomar uma posição, de definir limites e de falar a sua verdade, e aprender a dominar as suas emoções, superar as situações estressantes do dia a dia e transformar os momentos de discórdia e conflito em oportunidades para reagir de acordo com o seu próprio bem maior é se tornar um verdadeiro mestre.

As situações e os problemas que surgem na sua jornada para serem solucionados não podem ser resolvidos no nível em que foram criados. Você precisa subir o seu patamar, olhar de cima o conflito, dentro de uma perspectiva de mestre de si mesmo. Nesse momento, você conseguiu então masterizar a sua automaestria e se tornou o seu grande mestre.

# PARTE V – JORNADA EXPONENCIAL

*"O que você faz, faz a diferença, e você tem que escolher que tipo de diferença você quer fazer."*
*Jane Goodall*

# Você Exponencial

Tudo está se tornando exponencial, mas, como isso ainda pode soar meio vago para muitos, vamos começar com o significado: ser exponencial é ser uma pessoa completa e integrada, vivendo a sua verdade, sendo realizada, buscando a sua automaestria e evolução contínua, além de praticar o altruísmo sustentável, porque contribuir para o bem maior é ter o privilégio de alcançar a sua plenitude verdadeira na vida.

> *"Vivencie a vida de todos os possíveis jeitos, bom e ruim, amargo e doce, escuro e claro, verão e inverno. Vivencie todas as dualidades. Não tenha medo da experiência, pois quanto mais experiências você tem, mais maduro você se torna."*
> Osho

Acompanhando todo o contexto de mudanças e crescimentos exponenciais no mundo, o ser humano está sendo forçado a acelerar a sua própria evolução em ritmo exponencial.

Muitos dogmas, paradigmas e premissas, que antes eram dados como certos mesmo sem funcionar mais, estão sendo colocados em xeque. Isso vale também para conceitos pregados por algumas autoridades que sempre acreditamos como certas, caso das religiões.

O movimento de uma minoria, questionando o status quo falido, está impulsionando a expansão da consciência coletiva. Cada vez mais estamos nos tornando conscientes de coisas que antes não conseguíamos perceber. Agora tudo está mais claro.

As novas gerações estão trazendo uma nova forma de agir, não estão se encaixando dentro do contexto de *matrix* em que estivemos por muitos anos inseridos.

Independentemente da geração, todos nós estamos sendo forçados amorosamente pelo Universo para expandirmos a nossa consciência e fazermos novas escolhas, começando pelo nosso estilo de vida, com novos hábitos, pensamentos e padrões de comportamento. Estamos nos tornando conscientes da nossa própria jornada de evolução e, junto disso tudo, estamos percebendo que precisamos fazer escolhas únicas. Escolhas que irão servir somente para nós mesmos e para ninguém mais.

São escolhas que envolvem todos os pilares das nossas vidas, seja em relação à nossa profissão, com mais significado e propósito, seja nos relacionamentos, já não suportando mais aqueles vínculos tóxicos e que nos colocam para baixo. As escolhas se estendem à forma como cuidamos da nossa saúde, corpo e mente, do nosso crescimento e desenvolvimento pessoal. Porém agora começamos a transcender, ir além, querendo deixar a nossa marca, o nosso legado no mundo, daí a prática do altruísmo sustentável.

Contribuir para o bem maior de todos é alcançar um nível de expansão de consciência combinado com o seu desenvolvimento pessoal e evolução, que exige dedicação e certo esforço. O altruísmo sustentável é a contribuição consciente praticada na abundância, como você verá em detalhes, a seguir.

Desespero, medo, desamparo e paranoia, em grande parte induzidos pelas mídias e pelas agendas políticas e de grandes conglomerados, ainda são a realidade para quem está inserido na *matrix* da vida linear.

Os seres exponenciais, conscientes destas distrações que servem somente para alimentar impotência, indignação e raiva perante a vida, estão se afastando destes elementos que disseminam os dramas. Muitos já não assistem televisão, nem programas de sensacionalismo que desviam a sua atenção, porque sabem que precisam focar o que realmente é importante, a sua vida.

Os seres exponenciais aprenderam a se conectar consigo mesmos, com a sua comunidade, a *tribe* da alma e com o mundo. Estão acompanhando a grande movimentação.

Os seres lineares ainda acreditam que todo o movimento de evolução e crescimento é algo que vai impactar a sua vida no futuro, sem perceber que já estão sendo empurrados pelo movimento maior.

Os seres exponenciais buscam quietude, felicidade e realização, ancorados pela sua verdade interior. Isso inclui a consciência de que cada um é o único responsável pelo seu próprio crescimento, transformação e evolução pessoal. Por sentirem compaixão por todos, respeitam e prezam o espaço, a dignidade e evolução do próximo. Por estarem na jornada de evolução, e conhecerem bem a estrada que já foi caminhada, sabem que não tem melhor maneira de ajudar o outro e o mundo do que ser um exemplo. Por isso, investem na sua automaestria com dedicação e autodisciplina.

Já os seres lineares buscam qualquer coisa fora de si, por isso vivem o contexto de vazio imenso, que nunca conseguem preencher. O foco sempre está fora deles, por isso muitas vezes ainda possuem o instinto de querer ajudar, curar ou transformar a vida do outro. As vão além, querendo mudar o outro, mesmo o outro não querendo fazer nenhum movimento de mudança. Infelizmente, não percebem que, ao fazer isso, acabam equiparando a sua energia, comportamento e ações com a da outra pessoa, abaixando portanto os seus próprios padrões.

Nesses casos, é como se dessem um passo para frente e, logo em seguida, dois passos para trás. Não percebem que quando estão no seu nível mais elevado, podem ajudar sendo um exemplo, mas que, ao baixar o seu padrão, para poder se conectar com o outro, acabam perdendo a sua capacidade de ajudá-lo a evoluir também.

Os seres exponenciais, opostamente aos lineares, conseguem superar o seu "senso de dever e responsabilidade" em relação ao outro e, mesmo sendo difícil, fazem a escolha de se afastar daquela pessoa ou situação, porque sabem que não têm como ajudar, fazendo o trabalho do outro, que o outro precisa fazer.

O ser exponencial aprendeu a abrir mão das suas expectativas e aceita as coisas como são. Já os seres lineares ainda fazem um grande investimento de esforço, energia e interferência na vida do outro, para terem algum tipo de retorno, quer seja a transformação "forçada", mas que a qualquer momento pode regredir, quer seja a obtenção do amor, aceitação e validação. Ou seja, estão suprindo a sua necessidade autoestima, que é um grande buraco negro, tentando ser reconhecidos e exonerados pela cura. Não percebem que, ao invés de fazer o bem ao outro, estão na verdade fazendo com que o outro regrida no seu processo de evolução.

O ser exponencial entende que a sua paz e sua validação são conquistadas por ele mesmo e, por isso, entende que ninguém muda porque ele quer, e sim porque a própria pessoa quer. Assim, passa a aceitar que é sim possível que alguém não queira ser curado, iluminado ou salvo, porque o outro está bem onde ele está, não importando o quanto errada achamos que a vida do outro está.

A mudança só acontecerá quando o outro entender que o seu contexto está insuportável e der um "basta", e isso é algo que ninguém tem como acelerar ou ajudar, interferindo diretamente. A única maneira de ajudar é ser um exemplo, por si mesmo!

> *"Aqueles que não aprendem nada sobre os fatos desagradáveis da sua vida forçam a consciência cósmica a repeti-los tantas vezes quanto seja necessário, para que aprendam o que lhes ensina o drama do que aconteceu. O que você nega o submete. O que você aceita o transforma."*
> C.G. Jung

Os seres exponenciais aprenderam durante a conexão consigo mesmos a perceber que a sua conexão inclui corpo, mente, emoções e espírito. Utilizam técnicas como a meditação, respiração e yoga para trazerem maior consciência para si, unindo e alimentando todos os seus corpos.

Os seres lineares buscam o preenchimento das lacunas da falta de amor, valorização e aceitação através das agendas de compromissos sempre lotadas, nunca possuem tempo para si e estão sempre ocupados. Se sentem esgotados com toda essa agenda, mas isso não basta, pois o sofrimento e a dor do vazio interior, sentidos quando estão sozinhos, segue insuportável.

A pessoa que passa pelo despertar da consciência enfrenta muitas vezes a "noite escura da alma", que é sentir um grande sofrimento, vazio e solidão, que parece que nunca irá terminar. É o vazio sendo sentido, com muita dor.

A pessoa se percebe dentro de um paradoxo, colocada em confronto entre sua velha maneira de agir e as novas possibilidades, e a confusão interior se intensifica.

Sente-se separada de Deus e dos homens. Sozinha, mesmo desejando não estar, se sentindo incapaz de se expressar, até com os amigos mais próximos. É como se até eles não fossem capazes de entender a profundidade da sua dor... é uma noite, e bem escura.

Até que um dia a luz surge, e a pessoa se sente diferente. É como se o ego tivesse sido dissolvido ou afastado, o conceito limitado de "quem eu sou" também é dissolvido, existe uma consciência mais elevada, uma nova percepção de quem se é. Foi feita a conexão com a sua essência, o seu coração.

Muitos evitam passar por essa fase, de serem obrigados a olhar e acolherem essa dor, e por isso demoram para despertar. A duração em permanecer na "noite escura da alma" irá depender de quanto o ego ainda quer manter o controle sobre o conhecido.

A recompensa por atravessar essa "noite escura" é iniciar a jornada de evolução consciente para se tornar exponencial, e é assim que tudo começa.

Todos os seres exponenciais tiveram a coragem de enfrentar essa primeira barreira, sentir a dor e deixá-la sair de dentro do coração, para depois entender, ficar de pé novamente e começar a sua jornada de evolução consciente. A expansão da consciência tem a capacidade de abrir a nossa percepção para universos quânticos de potencial e progresso.

## O início da transformação

Depois do despertar da consciência, a busca interior muda. Um senso de querer evoluir, progredir e ajudar o próximo são despertados juntos, potencializando a sua grande transformação. No início, essa transformação acontece sem grande domínio das técnicas e ferramentas que ajudem na caminhada, mas cada passo é dado com consistência, e o foco na sua evolução garante o sucesso da jornada.

Uma das maneiras de fazer essa jornada de uma maneira mais fluida é entender os três elementos que envolvem a jornada da evolução consciente, que são: consciência, desenvolvimento e evolução.

Esses três elementos te ajudam não somente a se tornar exponencial, como também a masterizar os pilares da sua vida.

A consciência te traz a clareza do que precisa ser transformado. O desenvolvimento é o caminho, passos e ferramentas que te ajudem a ir para o seu próximo nível. A evolução representa os elementos de cada nível da jornada da evolução humana.

No **nível de consciência**, o que predomina é a percepção da realidade, indo da linear à exponencial. Na percepção linear, o indivíduo tem consciência limitada da sua realidade, que foi condicionada, e está cheia de limitações e restrições do que é possível, tendo um mindset de OBEDECER sem questionar, mesmo quando isso não faz sentido.

Isso difere da percepção da realidade exponencial, sob a qual o indivíduo se conectou ao seu mundo interior, tem autoconsciência e trabalha para se tornar a melhor versão de si, sendo isso não somente em relação aos padrões, condicionamentos e comportamentos.

Essa autoconsciência engloba a visão da importância de todos os pilares da vida, alimentados e nutridos, com o foco também na automaestria e autorrealização.

No **nível de desenvolvimento** o que predomina é a integração do seu mundo interior com o mundo exterior. Nos níveis de desenvolvimento mais baixos, existe uma falta de consciência desse mundo interior, falta a conexão consigo mesmo.

Conforme o desenvolvimento vai crescendo, surge a autoconsciência e a conexão com o seu mundo interior, depois começa a inovação do seu ser e a ativação do seu potencial exponencial, até alcançar a integração desses mundos. Quanto maior o nível de desenvolvimento, maior o interesse e o esforço para se tornar a sua melhor versão de si mesmo.

No **nível de evolução,** o que predomina é a autorrealização e a autoaceitação. Quanto maior o nível de evolução, maior a consciência de que toda grande mudança começa e termina, por assim dizer, em si mesmo. A autoconsciência leva à autoaceitação.

A automaestria leva ao auto-amor. A autorrealização leva à ativação do seu verdadeiro poder pessoal, o poder positivo, empoderado, que te fortalece, sem medo, sem arrogância, sem sabotagem. O poder pessoal é conquistado porque é sabido que ele é o meio para ter grandes realizações e impactar o mundo com altruísmo sustentável.

De acordo com Ken Wilber, todos nós, nos âmbitos individual e coletivo, subimos um degrau de cada vez, não tem como pular, e, ao incorporarmos o novo nível, expandimos a nossa percepção. O cuidado fica no ponto que mesmo subindo de nível, podemos descer, caso voltemos a ter os mesmos padrões, comportamentos e crenças dos níveis inferiores.

A automaestria vem exatamente como um auxílio para nos mantermos nos nossos níveis mais elevados de consciência, desenvolvimento e evolução.

O ser exponencial é aquele que busca o seu crescimento pessoal e sua evolução constantemente, com uma percepção da realidade exponencial, trabalhando o seu desenvolvimento pessoal através da integração dos seus mundos interior e exterior, para alcançar a sua evolução, ou seja, ter amor próprio, autoaceitação e autorrealização.

Dentro dos principais níveis de evolução humana, o ser exponencial é o que está no maior nível de consciência, desenvolvimento e evolução. Porém, todos nós podemos estar em um nível de consciência, em outro nível de desenvolvimento e outro ainda de evolução.

A humanidade está distribuída em todos os níveis, em que somos:
- Um ou exponenciais;
- Divinos ou salvadores;
- Racionais ou acusadores;
- Seguidores ou vítimas;
- Sobreviventes ou marginais.

Vida Exponencial - Ative seu potencial exponencial para grandes realizações

| | CONSCIÊNCIA: PERCEPÇÃO DA REALIDADE EXPONENCIAL | DESENVOLVIMENTO: INTEGRAÇÃO DOS MUNDOS INTERIOR E EXTERIOR | EVOLUÇÃO: AUTOAMOR, AUTOACEITACÃO E AUTORREALIZAÇÃO |
|---|---|---|---|
| **SOMOS UM OU EXPONENCIAIS** | A busca pela sua evolução inclui experiências para ampliar a sua percepção de realidade, adicionando novos elementos constantemente. | O indivíduo integra o seu mundo interior e exterior, masterizando ambos diariamente. Expande a sua consciência, com inovação do ser e ativação do seu potencial exponencial. Mantém rotinas definidas, e rituais diários para masterização da autoconsciência, automaestria e autorrealização. | Sabe que é fundamental se aceitar do jeito que é, incluindo suas perfeitas imperfeições. Conhece suas sombras e dores, e sempre que acessa algo de que ainda não tinha consciência, "olha de frente", pois sabe que é uma oportunidade de cura. Sabe que a autorrealização é mais facilmente alcançada quando não se sabota, e que a autoaceitação é a melhor maneira de deixar o caminho livre para grandes realizações. Vive com consciência, praticando o altruísmo sustentável. |
| **SOMOS DIVINOS OU SALVADORES** | A busca pela sua evolução inclui expansão de consciência. Nutre rotina para automaestria, dando menos peso para rotina de autorrealização. | O indivíduo integra o seu mundo interior e exterior, com foco maior no corpo emocional e espiritual, masterizando-os diariamente. Vive o seu propósito, expande a sua consciência, com inovação e ativação do seu potencial exponencial. Foco na masterização da autoconsciência e alguns elementos da automaestria. | Sabe que para ter grandes realizações é fundamental se aceitar do jeito que é. Começou a caminhada da evolução consciente. Está aprendendo a masterizar a autoconsciência, e a ativar seus potenciais exponenciais. Tem consciência de que a autoaceitação é o único caminho para a autorrealização, sem autossabotagem. Vive o seu propósito, com altruísmo. |
| **SOMOS RACIONAIS OU ACUSADORES** | Percepção limitada do mundo e da vida. Vive a evolução sem consciência. A evolução vai até o limite do que foi "aprendido" que é possível. Acha que tem um limite até onde pode ir, evoluir e se realizar. | O indivíduo vive atrelado aos condicionamentos externos e do EGO (satisfação do egoísmo, carência). Não tem consciência do seu mundo interior. Esconde suas dores, sombras, defeitos. Se rejeita e não se aceita do jeito que é. Não existe alinhamento do mundo interior com o mundo exterior. | Tem necessidade de nutrir a sua autoestima com elementos externos. Possui características que não aceita em si mesmo, rejeitando ou fingindo que não existem. Elas se tornam elementos de autossabotagem, sem consciência. Busca a realização linear, do que é "possível ter na vida", visão de realização limitada e restritiva. Poucos sonhos. |
| **SOMOS SEGUIDORES OU VÍTIMAS** | Percepção limitada do mundo e da vida. Não tem consciência do que é possível ser, fazer e alcançar. Entende que o mundo é do jeito que é, e que os outros são responsáveis pela forma como se encontra a sua vida. Visão restrita de si mesmo e da vida. | O indivíduo vive atrelado aos condicionamentos externos e do EGO (manipulação e carência). Não tem consciência do seu mundo interior. Sente remorso, ressentimento ou rejeição, o que fortalece o sentimento de ser vítima. Quer que os outros tenham pena dele. Se nutre, de maneira tóxica, com esse sentimento. | Vive o contexto da autocondenação. Não tem autoestima. Rejeita vários elementos em si mesmo, ou então finge que não existem. Está estagnado por não se sentir responsável por si mesmo e por sua vida. Se vê como vítima do sistema e coloca a culpa nos outros, em todos e no mundo. |
| **SOMOS SOBREVIVENTES OU MARGINAIS** | Percepção limitada de tudo. Sentimento de ser injustiçado, vida sem razão, sem motivo. Não tem capacidade de desenvolver a presença. | Não tem consciência do seu mundo interior. Para não sentir as suas dores, sombras, se alienou do mundo. Possui sentimento de rejeição e carência extrema, acionado por remorso ou ressentimento. Vive na vibração do pesar, culpa e vergonha. | Vive o contexto de autocondenação. Não tem autoestima, nem autoconsciência. Não possui sonhos. A realização está limitada no "conseguir" atender às necessidades básicas. Não tem consciência de merecimento. |

**DESAFIO**
Qual o principal nível de consciência, desenvolvimento
e evolução que predomina na sua vida?
Qual mudança na sua percepção de realidade pode
te ajudar a ir para o seu próximo nível?

Ser exponencial é ter consciência de si mesmo e do seu contexto de vida, incluindo a clareza de quais são as experiências que você quer ter. Você aceita os seus lados bons e ruins, a sua luz e sua sombra. Você sabe que alguns instintos podem ser prejudiciais, mas você não os nega, você aceita, você se torna um ser integrado. Nesse momento, você já não é mais dominado pelos seus instintos, você tem uma intenção bem definida, sua meta de vida e sabe quem você quer se tornar.

Você sabe a hora e a melhor forma de deixar que os seus instintos se aflorem, sem perder o controle. Você está no comando. Você está ciente que todas as suas experiências porque você vive no momento presente, do "aqui e agora".

A respiração consciente, a meditação e a yoga são práticas que te colocam dentro de um equilibrado estado emocional e mental, capaz de mudar a química do nosso corpo, além de expandir a percepção da realidade e consciência, trazendo maior profundidade na conexão com você mesmo.

Porém, em nossa respiração cotidiana, desativamos nossos sentimentos, que se tornam represados e são armazenados na mente subconsciente e corpo etérico. A manutenção desses sentimentos represados demanda uma grande quantidade de nossa energia e cria tensões crônicas no corpo.

A respiração consciente, profunda e ritmada é um intenso processo que auxilia no acesso ao subconsciente, onde os traumas mentais e emocionais são armazenados.

**DESAFIO**
*Quando sentir que precisa de mais energia, faça a respiração consciente, profunda e rítmica.*
Feche os olhos, visualize o sol, e inspire profundamente a luz do sol e expire o amor incondicional. Faça isso por três vezes consecutivas. Repita esse procedimento sempre que precisar de mais energia da força vital.

À medida que limpamos as energias desequilibradas (formas-pensamentos) de nossa mente subconsciente, processo feito através da respiração consciente, o caminho para nos conectarmos com nossa essência e nosso coração está aberto.

Na vida linear, o ato de respirar está restrito ao oxigênio, no entanto, na vida exponencial, a respiração consciente serve também para liberar traumas e nos nutrir com o "prana", que é a energia da força vital, quando é utilizada com intenção pura e amorosa.

Os antigos falam que o ar carrega o prana, ou partículas adamantinas, que também significa "elixir da vida". À medida que as energias da força vital entram no seu corpo, suas frequências vibracionais aumentam, os sentimentos e as emoções se tornam elevados e um senso de bem-estar te preenche completamente.

Você pode escolher em qual tipo de vida, vibração, energia, você quer viver, e pode fazer isso com consciência, escolhendo uma energia com vibração mais elevada, de alegria, amor e gratidão.

A expansão da consciência, com o desenvolvimento pessoal, é o que te levará à sua evolução consciente e consistente. Escolha uma intenção para a sua vida, o tipo de vida que deseja ter, o que você quer ter e em que tipo de energia, de vibração, quer viver. São escolhas que você precisa fazer para tornar realidade todas as coisas que você quer na sua vida.

# Relacionamentos Exponenciais

*"Pessoas, ainda mais do que coisas, precisam ser restauradas, renovadas, revividas e reconquistadas. Nunca jogue alguém fora."*
*Audrey Hepburn*

O pilar dos relacionamentos é um dos mais complexos e impacta todas as áreas da sua vida, já que ele sustenta grande parte do seu corpo emocional. Masterizar esse pilar pode trazer um grande equilíbrio, centramento e harmonia para lidar com todas as pessoas e todos os contextos, até mesmo os mais complexos, que surgem diariamente nas nossas vidas.

A maioria das pessoas desenvolvem o seu relacionamento dentro de expectativas ou imagens fixas do que pode ser um relacionamento ideal, quer seja um relacionamento afetivo, profissional, social ou de amizade. Essas expectativas, que dificilmente serão atendidas, são as fontes dos grandes problemas nas relações, gerando vários conflitos, que podem terminar em rompimentos.

Essas expectativas foram criadas dentro dos condicionamentos e padrões que herdamos das pessoas mais próximas e que acabaram por definir o que significa ter um "casamento feliz", como nos relacionar com os amigos e os contextos de troca, inclusive nos domínios profissional e social. Com a consciência desperta, o problema é encarado de uma maneira diferente.

A autorresponsabilidade ganha destaque, já que, na jornada, o autoconhecimento e a expansão de consciência mostram que muitas das coisas que acontecem têm mais a ver com a suposição do que pode ter acontecido do que com a verdade em si.

O autoconhecimento o ajuda a entender você mesmo, mas principalmente a entender e ter maior compaixão pelo outro, compreendendo que cada um está em um momento diferente da jornada e que cada pessoa pode estar naquele exato momento vivendo uma batalha interna, que você não faz ideia.

Uma das ferramentas a serem masterizadas dentro dos relacionamentos é o saber lidar com conflitos, com opiniões divergentes. Muitos levam essas discordâncias para o contexto linear, onde o mais importante é "vencer" a discussão, mas esse tipo de condução só traz mais desarmonia e tristeza, para ambos.

Os relacionamentos exponenciais sabem lidar com os conflitos, dentro da conversa com consciência, em que o ponto principal é a meta comum. Independentemente das posições, a partir do momento que é percebido que o importante é resolver o problema, que essa é a meta comum, não interessa mais quem irá ganhar ou perder na discussão, porque ao se encontrar o grande acordo para essa meta maior, ambos sairão ganhando.

Outra característica dos relacionamentos exponenciais é que eles são pautados na interdependência. Isso significa que ambos estão buscando a sua expansão de consciência, o seu desenvolvimento e evolução contínua. Ambos são conscientes e completos porque já desenvolveram o seu auto-amor e sua autoaceitação.

A sua autoestima não é o que os guia, e sim o seu auto-amor. O nível de evolução mais baixo, dentro do pilar dos relacionamentos, é a autocondenação, vivida dentro do contexto de vida linear e que acaba moldando relacionamentos dentro do contexto de dependência ou codependência.

É nesse universo que se encontra a grande maioria dos relacionamentos tóxicos, alimentados por fatores externos, de expectativas não atendidas e comportamentos que levam a abusos morais, sexuais e físicos, entre outros.

A pessoa aceita o relacionamento mediano, ou até mesmo o relacionamento medíocre e tóxico, porque está vivendo dentro do contexto individual de autocondenação, se sentindo não merecedora e rejeitada.

Esse é um reflexo direto do buraco negro criado pelos condicionamentos da infância, quando o indivíduo pode ter sido rejeitado pelos pais ou familiares, ficando com esse imenso vazio. Por não saber como preenchê-lo, acredita que esse é o padrão de relacionamento aceitável, sem perceber que o problema maior é o fato de não conseguir elevar a sua autoestima.

É muito difícil para quem está em um processo de autocondenação sair deste nível e entrar no nível em que começa a valorização pessoal, que é onde está autoestima. Porém existe ainda um próximo nível, o início da vida exponencial, que é o da masterização da autoaceitação e autovalorização, para se chegar ao auto-amor.

Dentro dos relacionamentos de pessoas que vibram em autocondenação e carência, os relacionamentos são de dependência, e a pessoa se sujeita a qualquer coisa porque não se sente capaz e nem merecedora. São relacionamentos que drenam a energia de ambos os envolvidos.

No nível seguinte, de autoestima, no qual a pessoa começa a se valorizar, mas ainda não é um sentimento permanente, existem os relacionamentos de codependência. Somente quando a masterização da autoestima é feita, juntamente com a autoaceitação e o auto-amor, é que a pessoa atinge o nível de evolução exponencial, com relacionamentos baseados na interdependência. Quando ambos os indivíduos já desenvolveram o seu auto-amor, os relacionamentos se tornam exponenciais, por permitirem agregar e gerar valor mutuamente.

Algumas etapas nessa jornada envolvem conflitos dentro do seu próprio processo de expansão de consciência, desenvolvimento e evolução. Como, por exemplo, uma pessoa que aprendeu a desenvolver o seu auto-amor, mas não se liberta do seu "senso de dever e responsabilidade com o outro". Com isso, muitas vezes, apesar de ter alcançado o seu nível individual de autoamor, acaba regredindo, voltando para o nível anterior, porque o vínculo com o outro, juntamente com o seu senso de dever e obrigação, a mantém flutuando em evolução e involução.

O relacionamento predominante, neste caso, é o de codependência, porém, a partir do momento que um dos envolvidos tiver consciência dessa realidade e optar por romper, a evolução acelerada é garantida para quem fez essa escolha, e o outro terá a oportunidade de seguir na sua jornada de evolução em outro ritmo, que será mais lento.

Dentro da jornada de evolução consciente da humanidade, todos nós iremos evoluir, esse é o fluxo maior, que não tem como ser interrompido. Fazer uma jornada mais acelerada e com maiores recompensas é algo que está disponível a todos, não como obrigação, e sim por escolha que vem do coração, da sua conexão com a sua essência e verdade.

Para alcançar o nível de evolução exponencial e construir relacionamentos exponenciais, a pessoa precisa estar consciente desses conflitos internos, e fazer uma escolha. Independentemente da escolha que se faça, a consciência é a única capaz de trazer liberdade e leveza para a sua jornada. A evolução não é uma obrigação, e sim uma escolha, e para saber se você está no momento de ir para o seu próximo nível, você precisa aprender a ouvir o seu coração.

**DESAFIO**
Existe algum tipo de relacionamento tóxico na sua vida?
Se você romper esse relacionamento, como você irá se sentir? Se você sentir alívio, significa que o caminho é o rompimento. Se sentir aflição ou inquietação, significa
que a hora ainda não chegou.

Na vida exponencial, os relacionamentos têm grande importância. Você não aceita mais relacionamentos tóxicos, que drenam a sua energia. Você quer relacionamentos de valor, com valor, que agregam e geram valor, porque isso sim te impulsiona a ir além e além.

Os relacionamentos exponenciais também são nutridos pela abundância. Você aprende que a chave é primeiro decidir dar amor incondicional aos outros, ter compaixão. Assim que você começa a dar seu amor, com compaixão, aos outros, você começa o fluxo de energia. Quando o fluxo começa, você recebe amor e amizades na proporção de quanto você dá. E o começo de tudo isso está no autoconhecimento, ou seja, na autoconsciência.

Você pode potencializar isso buscando inspirações para incluir novas experiências nos seus relacionamentos, tanto pessoais como profissionais. Pense em como você pode agregar rituais ou quem tem os conhecimentos e as ferramentas para te ajudar a melhorar e a nutrir ainda mais os seus relacionamentos, e levá-los para o seu próximo nível.

Conhecer a si mesmo é a melhor maneira e ferramenta para você criar *rapports* autênticos, diferenciados e genuínos. Somente quando você se ama e tem um relacionamento verdadeiro com você mesmo, é que consegue aplicar isso no relacionamento com o outro.

> **Rapport** significa a ligação que você cria com outra pessoa, a empatia quando você se conecta com o outro.

A partir do momento em que você se conhece, você começa a entender o outro. A partir do momento em que você se ama, você consegue amar o outro. Porque somente quando você se ama e se conhece, e consegue ter um relacionamento saudável e construtivo com você mesmo, é que você consegue também ter um relacionamento saudável e construtivo com o outro.

Amar a si mesmo é uma máxima para conexões humanas diferenciadas.

Cada indivíduo é único. E o *rapport* só surge a partir do momento que temos a capacidade de criar empatia pelo mundo do outro. Essa é a premissa básica para se criar conexões humanas que agregam e geram valor.

Relacionar-se é uma arte na qual, como em todos os pilares da vida, a busca pela evolução e maestria é contínua.

Para você masterizar esse pilar, transcender e acelerar ainda mais a sua evolução, você precisa aprender a despertar o melhor em si mesmo, para então despertar o melhor no outro. Esse aprimoramento é contínuo e base para se fazer conexões profundas e autênticas, encontrando maneiras de gerar e agregar valor, e tornando os seus relacionamentos exponenciais.

# Profissão e Prosperidade

*"Seu trabalho vai preencher uma parte grande da sua vida, e a única maneira de ficar realmente satisfeito é fazer o que você acredita ser um ótimo trabalho. E a única maneira de fazer um excelente trabalho é amar o que você faz."*
Steve Jobs

A realidade profissional e financeira é um pilar que sofre grande interferência em relação aos padrões de crenças e comportamentos que construímos durante a nossa vida. Vale dizer que é muito comum uma pessoa ter um pilar da sua vida dentro de um contexto exponencial e outro dentro do contexto linear. Infelizmente, a maioria das pessoas possuem o pilar profissional e financeiro, que está diretamente relacionado a sua prosperidade, dentro do contexto de vida linear.

Isso acontece por causa do que aprendemos, coisas que, depois de um processo de autorreflexão, constatamos que não fazem sentido. Essas crenças, ou histórias que contamos para nós mesmos em relação ao que é ter sucesso profissional e financeiro, nos fazem entrar em um contexto de realização profissional e financeira padrão, que não traz necessariamente a verdadeira realização.

Essas crenças são sedimentadas desde a nossa infância e continuamos a utilizá-las, mesmo sendo prejudiciais, porque não temos a consciência de como isso nos está impactando. Além disso, não percebemos que podemos mudar tantos nossas crenças como nossa percepção de como vemos nossa profissão e, consequentemente, as nossas finanças.

No contexto da vida linear, limitada e restritiva, muitos acabam seguindo um roteiro de vida padrão da vida bem-sucedida, porque aprenderam a acreditar, através dos condicionamentos, que aquela carreira dos sonhos, padronizada, é o que trará felicidade e dinheiro. Geralmente esse padrão de sucesso profissional está diretamente relacionado com o que as pessoas que o cercam acreditam que seja o sucesso.

Só que, em algum momento, algo começa a incomodar internamente, dentro daquele contexto que mesmo tendo, ou não, uma carreira de sucesso e ganhando dinheiro, a insatisfação é uma constante. Por um certo tempo, você chega a achar que não está sendo grato com a vida por tudo o que já conquistou.

Essa inquietação e insatisfação é o que desperta a consciência maior, que lhe permitirá viver dentro de um contexto profissional que trará maior realização. Então você percebe que trabalhar por obrigação é algo que drena a energia, e sente uma necessidade enorme de transformar todo esse contexto em sua vida.

**DESAFIO**
Qual é o significado do dinheiro na sua vida?
Quais sentimentos ele alimenta dentro de você?

Seu desejo é sair do contexto da vida linear, no qual o pilar profissional e financeiro está atrelado à obrigação, a ter dinheiro no final do mês para pagar as contas, esse contexto de sobrevivência com racionalidade extrema.

Muitas vezes há outros elementos atuando no piloto automático, como por exemplo a crença do ganha-perde, fortalecendo ainda mais o contexto de obrigação e escassez.

Na vida exponencial, o que predomina é o oposto disso, começando por uma consciência de ganha-ganha. Isso envolve uma percepção ampliada do mundo e das possibilidades, principalmente relacionadas à profissão com propósito, que pode ir além, quando agrega um impacto positivo para um maior número de pessoas e, com isso, deixa a sua marca no mundo.

Ao pensar em como você pode tornar o mundo melhor, através das suas melhores habilidades e dons únicos, você coloca a sua intenção para o bem maior de todos. Ao gerar e agregar valor para as pessoas com o seu trabalho e serviço, você coloca a sua intenção de fazer o bem para o próximo. A consequência de tudo isso é um fluxo de abundância que retornará até você. O Universo e a sua intenção agem diretamente dentro do fluxo maior, tudo está conectado.

Dentro do seu projeto de vida com propósito, a profissão é algo que traz realização, vai além do pagar a conta. A pessoa trabalha com o que ama, busca o seu aprimoramento contínuo porque isso traz mais realização e alegria. O trabalho não é visto como trabalho, e sim como serviço.

Esse é inclusive o perfil do profissional do futuro, aquele que colocará as suas habilidades a serviço do outro e do mundo, o que eu chamo de *skils-as-a-service*. Cada vez mais, seremos emponderados, inclusive nas profissões, aceitando cada vez menos os contextos de emprego, onde o empregador tem todo o poder sobre o empregado, despertando o complexo de inferioridade.

No futuro, cada vez mais seremos CEOs das nossas vidas, escolhendo qual habilidade utilizaremos, já que muitos possuem múltiplos potenciais, e para quem iremos trabalhar. Essa tendência é cada vez mais fortalecida pelas pesquisas que mostram que os *freelancers* estão ganhando cada vez maior mercado nos Estados Unidos e, portanto, é uma questão de tempo para vermos um movimento como esse começar aqui no Brasil também.

Na vida exponencial, esse entendimento da direção maior do futuro é o que está guiando muitos para encontrarem os seus verdadeiros propósitos, as suas artes, para que então não precisem mais esperar desesperadamente pelo fim de semana para relaxar, e nem ficarem sofrendo no domingo porque a segunda-feira está chegando.

A percepção de realização da vida exponencial traz o prazer em se sentir realizado trabalhando e, portanto, o seu trabalho é onde o indivíduo passa a maior parte do tempo masterizando, porque ele ama fazer o que faz e não precisa escolher entre vida pessoal e profissional, já que tudo traz grande sensação de realização.

Existe também a leitura do futuro maior no âmbito individual, porque, na vida exponencial, a pessoa não tem medo de ganhar dinheiro. Isso acontece porque ela aprendeu a superar alguns medos, como o medo do sucesso, o medo de ter muito dinheiro.

A maioria das pessoas que estão na vida linear não sabe por exemplo o que fazer se ganhar amanhã mais de R$ 10 milhões. É como se essa possibilidade simplesmente não existisse. Não percebem que expandir a percepção da realidade e possibilidades, inclusive na questão financeira, é o que irá tornar essa possibilidade uma realidade.

Não é por acaso que todos nós já ouvimos histórias de pessoas que ganharam milhões e simplesmente perderam tudo, geralmente isso acontece porque não basta ganhar dinheiro, é preciso ter a mentalidade certa para utilizar o dinheiro e mantê-lo na sua vida.

É preciso entender coisas simples como, por exemplo, que é importante você investir um tempo para estudar sobre finanças. Como ganhar dinheiro, como poupar, como reduzir gastos, como investir, como encontrar novas formas de ganhar dinheiro, são muitos os assuntos em que você pode se aprofundar para tornar-se um mestre nesse pilar.

Na vida exponencial, ganhar dinheiro é muito bom porque isso possibilita ter condições de fazer o bem, com as suas habilidades, para um maior número de pessoas. Portanto, o dinheiro é um meio para poder fazer o bem para mais gente.

Outro entendimento simples e que para muitos parece muito complicado é que o dinheiro é um papel, que serve para ser utilizado para fazer uma troca. Antigamente as pessoas trocavam diretamente os seus serviços e produtos, mas, em algum momento da nossa história, criaram os papéis para facilitar a troca dos bens, produtos e serviços.

### DESAFIO
Qual é o valor que o outro tem percebido no seu trabalho? Como você pode gerar mais valor?

Esse entendimento primordial sobre o que é o dinheiro, e para que ele serve, ficou perdido, esquecido para muitos. Quando voltamos a olhar o dinheiro como um meio de troca pelos seus serviços, fica claro que para ganhar mais dinheiro, é preciso gerar valor para mais pessoas. Quanto mais dinheiro você quer ganhar, mais pessoas você deve impactar positivamente, é assim que funciona a Lei de Troca nesse pilar.

Agora, uma premissa importantíssima é o entendimento de que o sucesso daqui a 5-10 anos começa hoje.

### DESAFIO
Quanto você quer estar ganhando daqui a 5-10 anos? Quanto tempo você pode investir por semana para masterizar os seus conhecimentos e habilidades nesse pilar?
Qual é a principal ação que você pode incluir no seu ritual semanal, começando hoje, que irá impactar imensamente esse pilar?

Investir no seu desenvolvimento pessoal para ter a verdadeira realização é entender que você é um eterno aprendiz e, para aproveitar a jornada, tem que ser algo que realmente traga realização. Somente assim o aprendizado, o esforço e a autodisciplina não serão penosos e nem sofridos, muito pelo contrário, serão gratificantes.

O desenvolvimento envolve também aprender a cada vez mais gerar valor através das suas habilidades e do seu trabalho para o outro. Portanto, se você quer ganhar mais dinheiro, questione-se sobre como você pode gerar mais valor para o outro, porque dinheiro é uma consequência disso.

Na vida exponencial, não existe conflito entre dar e receber, na sua atividade profissional. A abundância surge desse fluxo de dar e receber, mas com a clareza de que dar, gerando valor para o próximo, agregando valor de verdade, é o que permitirá que esse fluxo flua mais naturalmente e intensamente.

A abundância surge exatamente dentro desse contexto, de extrema realização pessoal, fazendo o que se gosta, impactando positivamente as pessoas, buscando a sua evolução contínua. Entendendo que somente você é o único responsável pelo seu sucesso profissional e financeiro, e que isso inclui a sua contribuição para o bem maior do outro, que é o que irá te trazer a verdadeira plenitude na vida.

### DESAFIO
Descobrir, em um momento que você atingiu a sensação de grande realização, o que foi que ativou esta sensação em você.

Talvez neste momento você possa estar com uma vozinha interior dizendo "eu já sei disso", mas aí eu te questiono: o quanto disso você tem aplicado na prática na sua vida?

A maioria das pessoas já tem o conhecimento, mas é somente uma minoria que transforma o conhecimento em uma sabedoria, e um pequena parte dessa minoria são os que realmente colocam em prática esses conhecimentos e sabedorias.

**DESAFIO**
*Sinta o sucesso "aqui e agora".*
Pense no que você quer daqui a 5-10 anos, visualize o que você quer e sinta que a sua visão já aconteceu, sinta a alegria e a felicidade de você estar realizado profissionalmente e financeiramente.

Como explicado, nesse pilar, muitos ainda vivem dentro do contexto de limitação e restrição, sendo difícil aceitar que ter maior prosperidade financeira é o que irá permitir ajudar mais pessoas.

A culpa, vergonha alheia pela pobreza, miséria, ou simplesmente pelo julgamento do "estado de vida do outro", pode muitas vezes criar o seu contexto de autossabotagem. É muito comum as pessoas sentirem pena inconsciente do outro, sentimento que foi originado pelo seu próprio buraco negro, fruto da sua história de vida.

Uma rejeição, por exemplo, gera remorso e ressentimento, mas também a necessidade de "salvar" os outros. Porém, ao querer salvar alguém, a própria pessoa se coloca sobre um pedestal, um patamar superior, vendo o outro como inferior e, por isso mesmo, age como um salvador.

Romper esse ciclo é difícil e, para isso, você precisa ressignificar as suas crenças e histórias da sua vida. Precisa estar atento aos seus padrões de vibração, pensamentos e sentimentos. Então, com toda esta consciência, você deve agir de uma forma diferente, transformando a sua percepção da sua realidade e da maneira como vê o outro. Isso significa entender que você está nesta vida para escrever a sua e a de mais ninguém. Você é o único responsável pela sua vida e pelo estado em que ela se encontra.

Responsabilizar-se pelo outro é escolher pela própria estagnação na sua jornada de evolução consciente. Ser o exemplo, se tornar um mestre, sabendo combinar o desapego com a compaixão é uma arte, que pode ser desenvolvida e aprimorada, dentro da sua inovação do ser, buscando a sua evolução e automaestria contínuas.

É possível masterizar as suas finanças, tendo clareza da importância do planejamento de curto, médio e longo prazo, de maneira alinhada com a sua visão da grande realização, ou seja, do que você quer ter na sua vida. É possível se planejar, preparar e organizar financeiramente para tornar tudo isso realidade, e assim ter maior liberdade e poder viver a vida na sua intensidade máxima.

Ao ter consciência de que a responsabilidade pelo estado da sua vida profissional e financeira é somente sua, você entende que precisa aprender a ser um autodidata. Você aprende a aprender o que é importante para a sua vida e para os seus objetivos.

Você escolhe as prioridades com que irá masterizar as habilidades e conhecimentos na sua vida, alinhados com o que é realmente importante para você, que é a sua própria prioridade número 1. Fazendo isso, os resultados começam a aparecer na sua vida, e serão exponenciais.

O universo é reflexivo e as energias colocadas em cada ação que você realiza é refletida de volta para você em perfeito equilíbrio. Isso significa que se você é útil e gera valor para os outros, então você se perceberá vivendo em um universo útil e gerador de abundância para você.

Por outro lado, uma pessoa autocentrada e apegada vê o mundo pela escassez e falta, porque nada é fácil para ela. Sem perceber, essa pessoa acaba bloqueando o fluxo e, portanto, experimenta o fluxo restrito como uma reação, já que a ação já foi feita a princípio com limitação e restrição, "algo contado", dentro do contexto ganha-perde, acreditando que "se der mais, ficará sem, depois".

Aprecie sempre o seu serviço prestado aos outros e dê aquilo que você faz melhor. Essa é a chave para a vida abundante através do seu trabalho, que será um motivo de realização.

Pense na última vez em que você teve o prazer de ser atendido por alguém que amava seu trabalho, que era uma pessoa realmente prestativa e que conhecia todas as respostas para suas perguntas. Essas pessoas são o padrão de excelência hoje em dia, e são ansiosamente procuradas em todos os lugares.

Na vida exponencial, esses valores são a norma, não a exceção. Para experimentar a abundância em tudo o que torna a sua vida feliz e com grandes realizações, você precisa ser um *FLOWer*, vivendo o *flow* transcendental em cada área da sua vida.

# Biohacking, seu Corpo & Mente no "Estado da Arte"

A masterização da sua saúde, para deixar o seu corpo e mente no seu "estado da arte", envolve também a expansão da consciência. Da mesma forma que todas as áreas da vida estão sendo reavaliadas, o mesmo acontece aqui, quando se trata da sua saúde.

Na vida exponencial, você já não aceita tudo o que te falam, você sabe que precisa aprender a *hackear* o seu corpo e mente. Você entende que a autoexperimentação consciente é a base para atingir o potencial máximo do seu corpo e mente, para ter alta performance, tanto na sua vida pessoal como profissional.

Ao começar a cuidar de si, para atingir um patamar de ser "*symptom-free*", ou seja, viver sem doenças, isso porque ao aprender a prestar atenção na sua própria biologia, você se tornar capaz de fazer a sua autocura, já que você aprende a cuidar do seu corpo de uma forma que previne as doenças, além de potencializar os seus níveis de energia, disposição e longevidade.

O *biohacking* é a ferramenta que pode te ajudar a otimizar o seu corpo e sua mente para criar uma vida de grandes performances e produtividade, portanto, resultados exponenciais.

Para utilizá-lo, é importante compreender três elementos, que servem como premissas, porque impactam diretamente os resultados, que são:

- Autoconsciência
- Autoexperimentação
- Autorresponsabilidade

A autoconsciência tem destaque porque você precisa saber POR QUE você está *hackeando* o seu corpo e sua mente, e principalmente, ter consciência e clareza do RESULTADO que você está esperando. Sem a clareza do resultado de onde você quer chegar, você não tem como saber se o resultado que você teve é bom ou ruim. Afinal, você estará *hackeando* para transformar alguma coisa em você. Então, aqui, o questionamento principal é: qual é a transformação que você quer alcançar?

A autoexperimentação faz sentido porque você é um ser humano único. A sua biologia, e a sua mente possuem características e condicionamentos únicos. E uma experimentação que possa ter sido muito boa para mim pode não ser boa para você, e vice-versa.

Manter a mente aberta, com a clareza do resultado, é o que vai te ajudar a identificar as autoexperimentações que podem de fato dar resultado efetivo para você. Lembrando também que nem sempre o que você gosta é de fato o que você precisa. Então, o seu foco, precisa estar sempre no resultado que quer alcançar.

O autorresponsabilidade tem de estar presente a todo o momento. Desde o bom senso para selecionar a autoexperimentação, respeitando o seu corpo, como também fazer a sua auto-observação e mensura da sua evolução com consciência e acompanhamento.

É importante você se observar para identificar os tipos de reações e evolução você está tendo com as autoexperimentações. A auto-observação é a ferramenta que te ajudará a mensurar a sua transformação e evolução.

Como já diria Peter Drucker, "o que pode ser medido pode ser melhorado", e o auto aperfeiçoamento vem daí.

Assimilando então esses três conceitos, você conseguirá atingir os resultados que busca, da forma mais assertiva, rápida e duradoura.

A fundação e a estrutura de base do seu auto aperfeiçoamento é o somatório da autoconsciência, da autoexperimentação e da autorresponsabilidade, isso tudo levando-o a fazer uma cura ativa, ou seja, prevenindo, e não a cura passiva, que é o cuidado quando o corpo padece.

É nesse contexto que entra o *biohacking*, que é sobre ter um estilo de vida com rituais exponenciais do tipo "faça você mesmo", conceito que compõe a sigla em inglês *DIYBio*, unindo o *"do it yourself"* e *biology*. Trata-se da biologia sendo estudada por pessoas comuns, fazendo experimentações, mensurando, avaliando e tirando as suas próprias conclusões.

É sobre você estar no comando do seu corpo e mente, com consciência, tendo a clareza dos resultados que você quer alcançar e, para isso, selecionando os *hacks* certos, que te levarão ao seu aperfeiçoamento e evolução, para atingir o seu potencial máximo.

Dentro do *biohacking*, você também pode ir além e transcender. Já existem casos de homens com visão noturna, mãos ou braços magnéticos, pessoas que não sentem frio e vários outros casos de pessoas que conseguem alterar o próprio corpo. Essas pessoas se aprofundam no entendimento da sua própria biologia, combinando intervenções de nootrópicos, pílulas de inteligência (*smart drugs*) e até de técnicas de alimentação, são os *biohackers* profissionais.

Tudo isso com base na intenção claramente definida, quer seja *hackear* o organismo para ser mais produtivo e focado, ou até para fazer coisas consideradas "super-humanas", como ter a visão noturna ou sentir campos eletromagnéticos.

O *biohacking* traz uma visão de desenvolvimento pessoal atrelado à sua própria biologia. Enquanto, no desenvolvimento pessoal, você utiliza técnicas para ter autoconhecimento ou maior performance e produtividade, no *biohacking*, as técnicas passam pelas autoexperimentações, que são mensuradas, avaliadas e ajustadas de acordo com a sua característica biológica única. Para isso, podem ser utilizados implantes, suplementos ou nootrópicos, incluindo as *smart drugs*, bem como a alimentação ou as práticas dos jejuns.

**Nootrópicos** são compostos naturais ou sintéticos que aumentam as funções cognitivas do cérebro humano, como: foco, concentração, memória, visão, etc. As *smart drugs* são um tipo específico de nootrópico para aumentar a inteligência, produtividade e velocidade na execução.

Existem duas principais vertentes desta prática: a interventiva e a não interventiva. A diferença básica delas é que na interventiva existe a prática de procedimentos invasivos, como o implante de chips, entre outros. E as possibilidades são infinitas.

Na abordagem não interventiva, os resultados exponenciais também existem, porém através de procedimentos não invasivos, ou seja, são usados elementos externos para melhorar a performance. Isso inclui áudio com sons binaurais para aumentar a concentração, luz laranja para dormir profundamente e jejum intermitente para aumentar os níveis de energia e ajudar o organismo a eliminar as toxinas e, portanto, as fontes de inflamação, e assim vai.

O que muitos não sabem é que o *biohacking* é uma prática comum. Se você usa óculos, ou lentes de contato, ou se você já fez alguma cirurgia para miopia por exemplo, você já é um *biohacker* e não sabe. Isso porque qualquer intervenção, técnica ou ferramenta, que transforme alguma característica ou imperfeição, corrigindo algo na sua biologia, com uma intenção específica, é uma ação de *biohacking*, que busca a sua melhor versão de corpo e mente.

Essa é uma técnica que está sendo considerada revolucionária porque, além de corrigir imperfeições, existe uma comunidade de *biohackers* que estão querendo ir além e fazer intervenções para ter características super-humanas, como no exemplo da visão noturna.

Os *biohackers* estão testando a ciência no seu limite, com altos riscos para o seu próprio corpo. Independentemente da intenção individual de cada pessoa, esses pioneiros estão nos mostrando novos caminhos e expandindo as possibilidades. Com certeza, veremos grandes avanços significativos na ciência e na biotecnologia em breve, gerando valor para toda a nossa espécie humana.

Para qualquer pessoa que queira se aprofundar nessa prática, é importante também entender os cinco fatores que impactam a sua performance e produtividade, que são: alimentação, sono, exercícios, eliminar toxinas e desafios.

Selecionei cinco *hacks* para você construir uma rotina com foco em alta performance e que irá te trazer:

- Melhora da sua saúde em geral;
- Mais energia, foco e vitalidade;
- Menos stress e ansiedade no dia a dia;
- Clareza de pensamentos para os próximos passos;
- Maior felicidade e alinhamento entre pensar, sentir, reagir e agir.

Esses cinco hacks são os que defino como sendo a combinação mínima e essencial para você ter resultados diferenciados, não somente a curto, mas também a longo prazo, e não somente em relação ao seu corpo e mente, mas também em relação à sua vida.

## HACK #1: Alimentação Consciente

O corpo humano está mudando, evoluindo e os nossos potenciais de super-humanos já estão sendo comprovados por várias áreas da ciência, hoje isso já é um fato. O nosso corpo e nossa mente continuam ultrapassando vários limites.

Um ponto, porém, é extrema importância para quem vive a vida exponencial: é saber "ouvir" o seu corpo, experimentando, observando e aprendendo o que é o melhor para você.

Cada vez mais estamos ouvindo relatos de pessoas que não toleram mais as pesadas comidas processadas, que foram a norma por muitos anos.

*Hackear* a sua dieta é o primeiro passo. Escolher os alimentos com cuidado e ter uma intenção clara de por que escolher este ou aquele alimento, sabendo tudo o que você consome, pode melhorar exponencialmente a sua saúde, foco, energia e, portanto, a sua performance e produtividade.

E por mais interessante que sejam os artefatos tecnológicos, não existe nenhuma variável mais importante para te manter no seu potencial máximo de corpo e mente do que uma alimentação consciente, quando você está tentando controlar a sua biologia para atingir o resultado desejado.

A alimentação consciente é também a oportunidade e o momento para lapidar o seu senso de paladar e aprender a saborear o alimento, comendo devagar, mastigando bem, consciente de que você está se alimentando, saboreando, e não simplesmente "colocando alguma coisa para dentro".

**DESAFIO**
*Quando estiver se alimentando, perceba:*
É o seu corpo físico que está se alimentando?
Ou são seus corpos emocional, mental ou espiritual
que estão enviando sinais de desequilíbrio?

A hidratação também é extremamente importante porque ela suaviza as emoções, limpa o corpo, interna e externamente, assim como ajuda na liberação de toxinas e no equilíbrio eletromagnético do campo de força de seu sistema de quatro corpos baixos.

O *hack* que vou apresentar abaixo é um tanto controverso, afinal, a maioria das pessoas, em algum momento, já ouviu alguém dizer que a gordura faz mal para a saúde. E com isso, muita gente começou a eliminar a gordura da sua alimentação, gerando um grande prejuízo a sua própria saúde.

Ainda bem que hoje em dia temos a internet e que muitos estudos e pesquisas científicas também estão à disposição de pessoas como eu e você, que buscam pela informação.

*Hackear* a sua dieta significa escolher cuidadosamente e consumir adequadamente os alimentos saudáveis e de preferência orgânicos, que vão melhorar exponencialmente a sua saúde, o seu foco, a sua energia e a sua produtividade.

A alimentação moderna é um verdadeiro desastre. Alimentos industrializados, repletos de açúcar, conservantes químicos e outras substâncias que acabam com nossa saúde e reduzem sensivelmente a nossa performance.

Definir uma intenção consciente, para então escolher alimentos para manter ou aumentar energia e disposição, desintoxicar o organismo e aumentar a longevidade, entre outros objetivos, é primeiro passo.

**DESAFIO**
*Comer consciente*
Qual é a sua intenção quando você se alimenta?
Ter energia? Emagrecer?
Desintoxicar o seu organismo?

É importante saber que nosso corpo precisa de três macronutrientes para ter energia: carboidratos, proteínas e gorduras.

De posse desse conhecimento, agora podemos dar a grande dica: o mais eficiente *hack* de alimentação para melhorar sua saúde, ter mais energia e manter-se com baixo percentual de gordura corporal é trocar a fonte primária do seu corpo de carboidratos para gorduras boas (DHA, ômegas 3 e 6).

Somente as proteínas e as gorduras são consideradas alimentos essenciais, isso porque o nosso organismo não as produz e, ao mesmo tempo, precisa delas, para manter o metabolismo funcionando da melhor forma.

Em relação ao carboidrato, ele já é produzido no nosso organismo, inclusive quando consumimos proteínas e gorduras, através de um processo chamado de gliconeogênese, que é a formação de glicose a partir de substâncias que não são carboidratos.

Cada célula do nosso corpo precisa de gordura para funcionar e, em especial, o nosso cérebro, que é feito de aproximadamente 60% de gordura.

As boas gorduras consistem em ácidos graxos essenciais, que são o Ômega 3 e o Ômega 6, e o seu corpo precisa dessas gorduras para sobreviver. Agora, se você se alimenta frequentemente de alimentos industrializados, *junk food, fast food*, no geral, isso significa que você está consumindo mais Ômega 6 junto com as gorduras trans que são péssimas para a sua saúde, sendo, portanto, um ponto de atenção.

## HACK #2: Sono

Para abordar o sono, vou começar falando sobre o ritmo circadiano, que é o grande responsável pela regulação do sono, além de outras funções do nosso organismo.

O ritmo circadiano é o período de 24 horas em que o nosso sistema biológico se baseia, regulando o nosso ciclo de sono e de vigília. Ele é regulado pela estrutura do nosso cérebro, fazendo com que uma pessoa durma aproximadamente 8 horas e fique acordada 16 horas.

Durante o sono, as atividades musculares praticamente desaparecem e há uma diminuição de taxa metabólica, respiração, frequência cardíaca, temperatura corporal e pressão arterial.

Quando estamos dormindo, as nossas funções mentais e físicas ficam ativas e é também quando o crescimento das células de tecido aumenta.

A atividade do sistema digestivo também aumenta durante o ciclo do sono, e vários hormônios são secretados pelo corpo, por isso também a importância de sempre fazermos o número dois pela manhã.

Atualmente, o maior vilão do sono tem sido o trabalho, seguido do stress. Para acomodar a pressão implacável da produtividade, estamos dormindo cada vez com menor qualidade, que é o sono profundo, e gastando menos tempo em atividades sociais e de lazer, que são relaxantes.

O estresse resultante disso tudo acaba roubando ainda mais sono e a qualidade dele.

Vale entender que a necessidade de dormir está ancorada, em parte, ao ritmo circadiano. Quando interrompemos o ritmo natural do dia e da noite, por qualquer motivo que seja, como por exemplo uma viagem com mudança de fuso horário, corremos o risco de desencadear uma série de problemas.

Existem alguns *hacks* que podem te ajudar a ter uma boa noite de sono. Você pode tomar uma colher de mel entre 1 hora e 30 minutos antes de ir dormir, usar spray de magnésio ou até mesmo tomar o suplemento de cloreto de magnésio, que é muito efetivo.

### DESAFIO
Você consegue se desconectar dos seus dispositivos pelo menos 30 minutos antes de ir dormir, e ficar "*device free*"? Aproveite esses minutos para autorreflexão:
A que você é grato? Em que você pode melhorar?

Para ajudar o sono, você também pode mudar do tom da luz. Para te ajudar a dormir, você tem que eliminar as luzes azuis pelo menos 1 hora antes de ir dormir, e quase todos os dispositivos, celulares, *tablets* e computadores possuem essa luz azul. Então, se você quer ter uma boa noite de sono, evite essas luzes 1 hora antes de ir dormir, porque assim você vai conseguir acessar o nível de sono profundo mais rapidamente. Uma outra dica é substituir a luz azul pela laranja. O aplicativo f.lux faz essa alteração automaticamente, e pode ser instalado também no computador.

## HACK #3: Exercícios e HIIT

A espécie humana foi feita para estar em movimento.

O sedentarismo surgiu com a vida moderna, que nos trouxe muitas facilidades, fazendo com que a gente passe a maior parte do tempo sentado, infelizmente.

Mas o nosso ativo maior, que é o nosso corpo, não mudou, e ele sofre com essas mudanças, pois continua precisando "estar em movimento".

Estar em movimento, fazer exercícios diariamente, é a forma de você manter o seu corpo e mente saudáveis, alinhados com o resultado que você quer alcançar, ou seja, a sua INTENÇÃO.

Que pode ser: aumentar energia e foco, emagrecer, ganhar massa muscular, aumentar força e resistência, ou simplesmente fazer a manutenção da sua saúde.

**DESAFIO**
Qual é a sua intenção ao praticar exercícios?
Emagrecer? Ganhar força e resistência? Energia?
Ficar mais atraente?

Para cada intenção, a forma como você irá incluir os exercícios na sua rotina irá mudar.

Porém, para ter maior performance e produtividade, principalmente quem trabalha dentro de escritório, incorporar uma rotina que inclua a combinação do treinamento HIIT (Treinamento de Intervalo de Alta Intensidade) com a musculação, é o ideal, além de ser recomendada por profissionais, e também ter uma explicação científica.

Os pesquisadores descobriram que um treinamento HIIT, combinado com treino de resistência, é capaz de preservar a massa muscular e garantir que a perda de peso venha exclusivamente da queima de gordura, isso porque ambos utilizam a mesma via metabólica, que é a anaeróbica. Sendo assim, não só é possível combinar as duas atividades, como isso é o mais indicado para emagrecer ou definir, manter ou desenvolver a massa magra, por exemplo.

O HIIT envolve exercícios aeróbicos realizados em alta intensidade por um curto período de tempo, intercalados com momentos de descanso. O interessante do HIIT é que você pode fazer com qualquer tipo de exercício: corrida, *bike*, natação, flexões, e assim vai.

É possível fazer uma combinação de HIIT com treino de resistência, musculação, o que pode ser feito na mesma sessão de treino, em dias alternados, ou no mesmo dia, mas em horários diferentes.

Essa combinação de HIIT e musculação com uma execução mais forte é muito boa se você tem menos de 40 anos. Agora, se você tem mais de 40, alguns exercícios, como o próprio HIIT e *Crossfit*, podem ser muito prejudiciais a você, por uma razão biológica, já que os nossos hormônios vão mudando com a idade.

Agora, isso não significa que você deva deixar de fazer exercícios por causa da idade, muito pelo contrário. A autoconsciência e a autorresponsabilidade devem ser os seus guias a todo o momento.

E você começa definindo a sua intenção com os exercícios. Nesse processo de você ser o seu próprio mestre e estar no comando, cada vez mais você irá tomar mais decisões importantes, sobre o que é o melhor para você. A clareza da intenção te ajuda a definir e escolher o que for melhor para você atingir a alta performance, para que você esteja no seu potencial máximo para conquistar as metas que você definiu para a sua vida.

## HACK #4: Eliminar toxinas do organismo

Um dos principais fatores que impactam a sua performance são as toxinas do seu organismo, mas em poucos lugares se fala sobre isso. Por isso, vou direto ao *hack* que é tomar água morna com limão em jejum pela manhã (ou temperatura ambiente), para eliminar as toxinas e as inflamações do organismo.

Quase todo mundo se engana, por acreditar que limões são ácidos. Acontece que, dentro do corpo, os limões são altamente alcalinos e podem ajudar a equilibrar o pH interno, o que significa uma melhor saúde e níveis de energia mais elevados.

Beber água com limão logo pela manhã em jejum potencializa a capacidade de desintoxicação do limão, pelo seu efeito alcalinizante natural.

Quando tomado com regularidade, ele pode ajudar a eliminar a acidez total do corpo, incluindo o ácido úrico nas articulações, que é uma das principais causas de dor e inflamação.

Também auxilia no emagrecimento, já que melhora a função digestiva, age como um leve diurético e ajuda a regular os níveis de açúcar no sangue, evitando picos de glicose e melhorando o controle da fome, além de aumentar a sua função imunológica.

Uma dica importante: prefira sempre a água em temperatura ambiente ou morna, e evite tomar a água gelada, porque isso vai demandar mais energia para processar o limão.

Os benefícios deste hábito simples são muitos, a saber:
- Equilibra o pH do organismo por ser alcalino;

- Fortalece o sistema imunológico, combatendo os radicais livres;
- Ajuda na digestão, eliminando toxinas;
- É anti-inflamatório;
- É diurético, reduzindo o inchaço;
- Estimula a função nervosa;
- controla a pressão arterial;
- melhora a absorção do ferro;
- além de ser rico em minerais, vitamina C e potássio.

**Para fazer a autoexperimentação:**

Bata no liquidificador ½ limão em 500 ml de água e beba na primeira hora da manhã, em jejum. Utilize água purificada e morna, não ferva. Evite a água fria, pois nosso corpo necessita de mais energia para processar a água gelada do que a morna. Utilize sempre os limões frescos, orgânicos (se possível), e nunca o suco de limão engarrafado (nunca!).

# HACK #5: Aquilo que faz o seu coração bater mais forte

Talvez você já tenha passado por isso, ou ainda esteja passando, que é trabalhar o dia inteiro, naquela correria, e chegar ao final do dia com a sensação que fez um montão de coisas, mas, ao mesmo tempo, não produziu quase nada.

Pois então, isso geralmente acontece quando não temos consciência do que é importante e prioridade para nós. Acabamos "perdendo o dia inteiro", resolvendo coisas urgentes, e isso acontece, por causa de uma única coisa: você não sabe "o que você quer".

Sem ter essa consciência, você passa o dia tornando o propósito dos outros uma realidade, ao invés de focar o seu propósito e naquilo que você quer e é importante para você. Você já percebeu isso?

**DESAFIO**
Será que esse é o seu caso?
Você sabe o que você quer? O que te faz feliz?
O que é importante para você?

O mundo está mudando para melhor. Ainda assim, a infelicidade, insatisfação e stress no trabalho continuam uma constante. Pesquisas recentes mostram que mais de 72% das pessoas estão infelizes no trabalho. Isso acontece porque elas não estão conectadas com a sua essência. Não estão trabalhando com algo que traga a realização verdadeira, alinhada com o seu propósito de vida.

Esse é um elemento muito importante para viver uma vida com significado e real sentido.

Se você já encontrou o seu propósito e o vivencia no dia a dia, você já tem o algo a mais na sua vida, a razão e o motivo maior que te levam a acordar de manhã com o entusiasmo de estar vivo e vivendo na sua plenitude.

E se você está aqui, sabe da importância de masterizar o seu corpo e a sua mente, para então masterizar os pilares da sua vida. Sabe também que viver o seu propósito é o que te impulsiona a querer ir para o seu próximo nível, atingir o seu potencial máximo, para poder impactar um número maior de pessoas e deixar a sua marca no mundo.

Esse é o processo de evolução contínua, que vai te ajudar a avançar no seu auto aperfeiçoamento, um passo de cada vez, masterizando e se tornando a sua melhor versão a cada dia para conquistar grandes realizações na sua vida.

O *hack* que eu quero trazer aqui é sobre as experiências e desafios que vão fazer o seu coração bater mais forte. E para isso você precisa trazer para a sua consciência a clareza de quais experiências você ainda quer ter na vida, bem como os desafios.

**DESAFIO**
Quais são as experiências e os desafios que te inspiram, aqueles que fazem o seu coração bater mais forte, e que irão te estimular, motivar e se sentir mais vivo?

Pense nas experiências que você já viveu e que gostaria de repetir. E também em outras experiências que você ainda não viveu, que amaria viver. Com quem você gostaria de compartilhar essas experiências? O que você gostaria de explorar na vida? Que lugares você gostaria de explorar no mundo? Que aventuras você gostaria de viver?

Enfim, pensar em todas as possibilidades que você sinta que te trarão felicidade é um grande fator de impacto na sua performance, no seu nível de energia e disposição para viver sua vida exponencial.

Em relação ao seu desenvolvimento e crescimento pessoal, pense em tudo que você gostaria e precisa aprender e evoluir, para viver as experiências que você quer ter na vida.

**DESAFIO**
O que você precisa aprender para viver essas experiências e desafios? Como você pode e gostaria de evoluir como pessoa? E como profissional? E como companheiro? E como amigo?

Essas categorias, que representam a sua essência e a grande razão, vão te levar ao seu próximo nível, de uma vida com significado e plenitude. Quando temos as experiências que nos motivam, com o sentimento de estarmos crescendo e evoluindo, nós de fato atingimos a plenitude maior na vida.

Essa clareza te traz a motivação e o estímulo não somente para masterizar o seu corpo e a sua mente, mas também para masterizar todos os pilares da sua vida.

A autoexperimentação e o auto aperfeiçoamento aqui correspondem a construir um plano de ação para colocar o seu corpo e mente no seu "estado da arte", para tornar as suas experiências e evolução em realidade.

Esse é o desafio que proponho e, ao cumpri-lo, você vai utilizar sua autorresponsabilidade e bom senso para buscar o seu próximo nível. Você sabe que ninguém, além de você mesmo, pode transformar o que você quiser, seja no seu corpo, na sua mente, ou na sua vida.

Crie a regra da sua rotina de alta performance, com antecedência e estratégia. Use o conceito DIY e conquiste o seu auto aperfeiçoamento e a alta performance. Assim você estará preparado para alcançar qualquer coisa que você deseje e que estabeleça como meta maior na sua vida.

## *Lifestyle*, os Rituais Exponenciais

*"Criar alguns hábitos para estar pronto antes do dia começar nos traz saúde, prosperidade e sabedoria."*
Aristóteles

Construir um *lifestyle* de excelência é ter um estilo de vida que te ajuda a se tornar um ser humano completo e exponencial, e fazemos isso ao integrar corpo, mente e espírito, através do Ritual Exponencial.

Cada vez mais a busca dos esportes e exercícios está tomando uma nova conotação. Na vida linear, os esportes por muito tempo valorizaram a dualidade, o ganha-perde, o eu contra você, o atacar e se defender.

Na vida exponencial, a mentalidade é outra, não existe competição, o jogo é você com você mesmo, se superando a cada dia. Você buscando sempre ser a sua melhor versão, buscando a sua excelência, utilizando as suas habilidades e dons únicos para atuar no seu "estado da arte", criando o seu show particular.

Por isso os esportes que tenham maior contato com a natureza, animais e todo o seu entorno trazem uma espécie de mágica e conexão com você mesmo, com o outro e com o planeta.

O estado de presença no momento "aqui e agora" é o segredo para essa entrega na conexão, para que a mágica aconteça. Seja quando se está caminhando ou correndo no parque, praticando surf ou skate, ginástica artística, patinação, hipismo, caiaque, mountain bike, skate board ou esqui.

Além desse estado de consciência e entusiasmo expandidos, viver esse momento é também uma oportunidade para trabalhar no seu desenvolvimento pessoal, percebendo os pontos que você ainda precisa aperfeiçoar, masterizar e equilibrar, sejam eles nos seus corpos físico, mental e emocional, ou no espiritual/existencial.

O jogo em todos os momentos é de você com você mesmo. Essa percepção é o que te faz apreciar e curtir a sua jornada de evolução.

Todas essas práticas te levam a ativar ainda mais o seu senso de cooperação, conexão e integração, incluindo uma consciência ambiental expandida e expansiva.

Esses esportes, quando inseridos no seu estilo de vida, mudam radicalmente o seu contexto de vida linear para um estilo de vida exponencial. Outros pontos são valorizados e alimentados dentro do seu contexto de existência porque nutrem os elementos dos quatro corpos (físico, mental, emocional e espiritual) em conjunto.

O equilíbrio de corpo, mente, emoções e espírito é o que nos permite usufruir de uma vida com mais energia, foco e equilíbrio.

Para isso, precisamos nutri-los diariamente. Criar rituais exponenciais, tanto matutinos como noturnos, nos ajuda a manter nosso nível de energia nos padrões mais elevados. A partir do momento em que corpo, mente e espírito estão na performance máxima, temos enfim condições de fazer melhores escolhas e decisões na vida.

Os rituais, ou hábitos, nos ajudam a sentir a sensação de bem-estar, mas o segredo aqui é a consistência. Repetição. Todo o santo dia.

> *"Nós somos o que fazemos repetidamente, a excelência, portanto, não é um ato, mas um hábito."*
> Aristóteles

Existem vários benefícios que você terá praticando um ritual que se adapte à sua rotina. Os principais são:

- Melhora da saúde em geral;
- Mais energia, foco e vitalidade;
- Clareza de pensamentos para próximos passos;
- Maior alinhamento entre pensamento, emoção e atitudes;
- Maior felicidade e gratidão pela vida; e
- Maior contato com sua essência e sua verdade.

Algumas atividades para alimentar o **CORPO**:

• **Atividade física:** nosso corpo foi feito para se movimentar. Praticar regularmente uma atividade física de que você goste traz energia e disposição para o dia, além resistência física.

• **Sorrir:** ver-nos sorrindo é uma ótima forma de enviar uma mensagem para o nosso cérebro de que estamos bem. Faço isso olhando no espelho pela manhã. Faz muito bem, vale tentar!

• **Alimentação consciente:** nosso corpo responde pelo que ingerimos. Ter atenção ao que comemos nos traz energia a curto, médio e longo prazo. Preferir alimentos saudáveis, naturais e orgânicos, além de praticar o jejum intermitente, traz grandes benefícios.

• **Dormir sono revigorante:** ter o hábito de dormir por pelo menos 7 horas por dia é o que nos faz recarregar as energias. Dormir num ambiente escuro, com o mínimo de barulho e temperatura ambiente de aproximadamente 18 graus Celsius, ajuda a produção de melatonina, que nos traz a sensação de descanso e revigorado.

• **Beber água:** pelo menos 2L-3L por dia. A água é a grande responsável pelo transporte dos nutrientes. Mantém a pele jovem e desintoxica o organismo.

• **Banho intercalado:** 30 segundos de ducha fria, seguido de 30 segundos de ducha quente e mais 30 segundos de ducha fria. Esse banho aplica uma técnica terapêutica que promove a alternância entre dilatação e constrição dos vasos sanguíneos, aumentando a circulação e ativando o suprimento de oxigênio e nutrientes para todas as células do corpo. Alguns dos benefícios são a remoção de impurezas do organismo e o aumento do metabolismo das células, além de fortalecer o seu poder pessoal.

Algumas atividades para alimentar a **MENTE** e as **EMOÇÕES**:

• **Meditação ou *mindfulness***: ter consciência dos pensamentos traz clareza mental e atenção ao momento presente.

• *Journaling*: criar um diário para escrever os principais insights e experiências do dia ajuda a entender como nossas emoções e pensamentos interagem, aumentando a inteligência emocional.

• **Leituras inspiradoras e positivas**: feitas logo pela manhã, ajudam a aumentar a autoconfiança e entrar no estado de felicidade.

• **Ver de cima**: aprender a identificar as situações sem se identificar com elas, ao manter um distanciamento do que nos acontece, como se estivéssemos "vendo de cima", ajuda a ter maior centramento e clareza para fazer escolhas e tomar decisões.

• **Aceitar as coisas como são**: focar o que pode ser feito e aceitar o que não tem solução.

• **Acreditar em si mesmo:** creia em você e nas suas habilidades, porque o que você acredita é o que você é. Nunca subestime sua força e, da mesma forma, nunca superestime suas fraquezas. Cada situação é única e sua força está na sua decisão e confiança.

• **Pensamentos e emoções positivas:** saber manter suas próprias emoções e pensamentos em estado positivo e em estados de consciência expandida requer foco e determinação. Ao conseguirmos nos manter em estado de consciência elevado por mais tempo, atraímos melhores situações e realidades para nossa vida.

• **Escolher relacionamentos e pessoas com que convivemos**: existem vários estudos comprovando que somos a média das pessoas com que convivemos. Então, se você não está feliz com a sua vida, olhe primeiro para o lado e veja quais são as pessoas com que você convive e como elas vivem. Você gosta da vida delas? Se não, quais são as pessoas com que quer conviver ou círculos de que quer fazer parte, e que estão mais alinhados com a sua essência e o seu coração? Qual é a sua *tribe*?

• **Enxergar as oportunidades que a vida apresenta:** em todas as experiências e circunstâncias, a forma como as vemos e percebemos é o que molda nosso destino. Foco no melhor, sempre.

• **Planejar a sua vida**: saber seu propósito maior, quais experiências fazem seu coração bater mais forte, quais áreas da vida precisam de maior atenção agora, quais são seus padrões mais elevados e colocar tudo isso num plano de ação para fazer acontecer é o que permite transformar seu sonho em realidade.

• **Definir metas**: para termos maior clareza mental e menos stress e fadiga, precisamos saber o que realmente é importante para nós e ter metas bem definidas tanto de curto como de longo prazo. Isso traz maior sensação de estabilidade, confiança e senso de controle, além de diminuir o nível de cortisol no organismo, que é o responsável pelo stress.


Algumas atividades para alimentar o **ESPÍRITO**:

• **Progresso e crescimento:** ter a percepção de que se está evoluindo e crescendo como pessoa é o que traz felicidade duradoura. Ou se está evoluindo ou se está morrendo. Escolha evoluir.

• **Contribuição e caridade:** juntamente com o progresso, ter percepção e certeza de que está fazendo diferença na vida das pessoas que te cercam, da comunidade e do mundo, traz felicidade e realização verdadeiras e duradouras.

• **Fé inabalável e intuição**: acreditar em algo maior - Deus, Universo, ou o que fizer sentido para você - traz uma fé inabalável, que é uma força, poder e confiança absoluta na jornada. Assim, nos abrimos para ouvir a intuição, que é nossa essência conectada com o todo.

• **Ter e viver o propósito maior de vida:** buscar viver uma vida que tem significado, junto com maior felicidade e realização.

• **Fazer pelo menos uma atividade que ama no dia:** seja um *hobbie* ou um jantar com amigos, isso aumenta o nível de felicidade, garantindo mais energia e disposição para lidar com as situações do dia a dia.

• **Ser grato e celebrar a vida:** agradeça e comemore as pequenas e grandes conquistas e as experiências que te trazem aprendizados e crescimento. O sentimento de gratidão, o amor, a celebração e o entusiasmo possuem maior vibração energética, e atraímos o que vibramos.

• **Ser gentil consigo e com o próximo:** a gentileza é contagiosa e elimina mal-entendidos e hostilidades.

• **Saber perdoar:** essa é a única forma de deixar o passado para trás e seguir na jornada de evolução, e isso inclui perdoar a si mesmo, como também ao outro. Quem não perdoa permanece estagnado e não evolui.

• **Relacionar-se com pessoas felizes:** ter relacionamentos saudáveis e positivos, que nos fazem rir e ter bons pensamentos, nos traz sensação de felicidade e bem-estar.

• **Torcer pela felicidade e realização das outras pessoas:** tudo o que fazemos e desejamos volta para nós. Ao desejar o melhor para o outro, isso retorna.

> *"Comece todo dia com uma tarefa cumprida, nem que seja arrumar a própria cama. Ao final do dia, aquela tarefa cumprida se refletirá em várias tarefas cumpridas. Arrumar a cama reforça o fato de que as pequenas coisas da vida importam. Se você não pode fazer as pequenas coisas certas, você nunca conseguirá fazer as grandes coisas certas."*
> William H. McRaven, da NAVY SEAL,
> treinamento da Marinha Americana

Implementando esses hábitos, e dando um passo de cada vez, você irá construir um novo estilo de vida, com rituais exponenciais, que potencializam os seus corpos físico, mental, emocional e espiritual.

A frustração e irritação que você pode estar sentindo com a sua vida será transformada a partir do momento que você se dedicar a mudar a energia dos seus corpos. Essa energia está disponível para você se você fizer a sua parte, então, por que não experimentar maior energia, disposição, vitalidade, amor, performance e abundância?

Ao inserir como hábitos diários os rituais exponenciais, você terá como resultado alcançar o que você deseja. É importante ter clareza da meta, que serve como direção e motivação para você transformar cada elemento que não te ajuda a alcançar os seus grandes objetivos.

A grande chave é definir o que você quer, construir o seu plano de ação e partir para a *action*. Através desses rituais exponenciais, cada vez mais, você estará mais próximo de ser a versão mais completa e perfeita de si mesmo. Atuando no seu potencial máximo de excelência, com naturalidade e de maneira autêntica.

# Altruísmo Sustentável

Se você tivesse o poder de mudar o mundo, por onde você começaria? Ser exponencial é ter consciência de que tudo começa em você, transformando a si mesmo, para se tornar a sua melhor versão.

> *"Se queremos uma sociedade mais altruísta, precisamos de duas coisas: mudança individual e mudança coletiva. É possível a mudança individual? Sim, nosso cérebro muda quando se treina o altruísmo."*
> Matthieu Ricard, monge budista, considerado o homem mais feliz do mundo

O altruísmo é um sentimento pouco compreendido por muitas pessoas, por desencadear ações com desprendimento imenso para ajudar o outro, sem ganhar nada em troca, simplesmente por ter grande compaixão, podendo inclusive chegar ao ponto de gerar um prejuízo para si mesmo.

Geralmente, em contextos de adversidade, tragédia e grande comoção, o altruísmo é despertado até mesmo por instinto inato da nossa espécie humana, revelando uma necessidade ativada de sobrevivência como espécie.

Acredito que todos nós temos um potencial imenso para fazermos o bem, se assim escolhermos, porque todos nós somos muito poderosos.

O altruísmo sustentável surge dentro desse contexto de contribuição consciente, de querer fazer o bem para o bem maior, de construir o seu legado impactando positivamente o mundo, por escolha e não por obrigação.

Mas como tudo que acontece dentro do planeta terra, existem os polos positivo e negativo.

Podemos fazer o bem, como também o podemos fazer o mal. Podemos criar, como também destruir. Podemos ser altruístas ou psicopatas. E tudo começa com a nossa intenção, a nossa grande motivação.

Um dos maiores questionamentos das pessoas que possuem esse viés interno de altruísmo, ou querem desenvolvê-lo, é sobre como podemos tornar o mundo um lugar melhor para todos. E como ir além, pensando não somente nas gerações que estão vivendo no planeta hoje em dia, mas também nas futuras gerações?

Desde a revolução industrial, e agora com a revolução das tecnologias exponenciais, estamos cada vez mais nos tornamos o grande agente de impacto no planeta. Estamos vivendo o antropocentrismo, que é a era dos seres humanos.

Esse tópico, de como tornar o nosso mundo melhor, é complexo e envolve várias questões políticas, econômicas e científicas, mas nada nos impede de irmos além e nos tornarmos agentes de mudanças conscientes.

Podemos fazer isso desenvolvendo o nosso altruísmo sustentável, e qualquer pessoa comum pode fazer isso. Mas vamos entender primeiro o que é praticar o altruísmo sustentável.

Altruísmo é o ato de se dedicar aos outros, o amor desinteressado pelo próximo e um grande desejo de que o outro seja feliz e não tenha sofrimento.

Vale dizer que o altruísmo pode ser consciente, como eu sugeri há pouco, para que você também seja um agente de mudança, fazendo isso de uma maneira direcionada, com consciência e um plano.

Mas para que isso aconteça com intensidade e perenidade, ele também precisa ser sustentável, e isso só é possível se você cuidar de si mesmo, sempre se colocando em primeiro lugar, para então cuidar do outro, dando o seu melhor e estando no seu melhor.

Para isso, você deve estar na abundância, com suas necessidades e anseios atendidos. E estar na abundância é importante porque você consegue dedicar a sua atenção ao outro de forma plena e com mais potencial para gerar resultados reais.

A base do altruísmo sustentável é que todo ser humano tem o seu "valor próprio", que é único e instintivo, consciente ou não, sendo capaz de contribuir com este mundo.

Todos nós somos dotados da capacidade de contribuir, oferecendo a outros os nossos dons, capacidades e habilidades, e recebendo deles o que for importante para satisfazer nossas necessidades de sobrevivência, crescimento e desenvolvimento.

Já que todos nós somos capazes de contribuir com este mundo - inclusive os que muitas vezes estão vivendo uma condição e contexto de vida mais difícil - precisamos aprender a como praticar o altruísmo de maneira sustentável, tanto para nós, como para o outro. Isso é importante para não despertar o que na *Kaballah* é conhecido como o "pão da vergonha", que é a incapacidade de o indivíduo poder retribuir acompanhada do sentimento de não ser merecedor. Neste caso, mesmo recebendo, a sensação é de que a dor aumenta.

O altruísmo sustentável é, em primeiro lugar, você estar no seu melhor, na sua versão mais completa:

- expandindo a sua consciência;
- inovando-se como ser humano;
- aumentando os seus potenciais exponencialmente;
- desenvolvendo a sua automaestria;
- criando a sua vida nos seus termos; e
- conquistando realizações em todos os pilares da sua vida.

Em segundo, é praticar o altruísmo consciente e de maneira sustentável, com a consciência de que, ao praticar esse ato, você não pode despertar no outro medo, complexo de inferioridade, sentimento de inveja ou de não ter condições. Para isso, o outro precisa saber que ele também pode retribuir, já que essa necessidade de contribuir é uma necessidade humana, para sermos pessoas saudáveis e nos sentirmos úteis, capazes e merecedores.

É salutar que mesmo quando a pessoa está em um contexto controverso, ela precisa se sentir capaz de contribuir com o mundo, seja naquele momento, seja em outro. E a contribuição não precisa ser com a "mesma moeda", pode ser tempo, conversa, dinheiro, compartilhando um conhecimento, uma experiência.

Com o equilíbrio de troca, através da cooperação, colaboração, algum trabalho, ou esforço, o complexo de inferioridade não é despertado.

Isso se fundamenta em várias filosofias espirituais, como no Budismo, Hinduísmo e Taoísmo, através dos conceitos da Roda de Samsara, *Karma* e *Dharma*. Está também na *Kaballah*, com o "pão da vergonha", e no estudo das 3 leis dos relacionamentos humanos de Bert Hellinger, criador da Constelação Sistêmica, na qual a Lei do Equilíbrio da Troca é essencial para que não haja ruptura nas relações.

Em todas, o mesmo princípio: todo ser humano é capaz de contribuir e isso é salutar para a manter a sua dignidade humana.

No Budismo, o *Dharma*, intenção de fazer o bem, se torna realidade quando existe o equilíbrio de troca, porque você ajuda o outro a se sentir melhor como ser humano. O complexo de inferioridade não é despertado, porque ele se sentiu merecedor, útil, valorizado, e podendo contribuir.

Porém, fazendo uma caridade para o outro, que se sente "obrigado" a aceitar a caridade, porque precisa, sem poder fazer nada em troca, não existe o equilíbrio de troca e o complexo de inferioridade é despertado. O outro passa a sentir vergonha, sente-se incapaz e indigno, e isso gera *Karma*, porque foi através da sua ação que o outro ativou uma dívida com você. Neste momento, o seu *Dharma* virou *Karma*.

Na *Kabbalah*, isso é chamado "pão da vergonha", uma expressão antiga que expressa todas as emoções negativas que acompanham a boa sorte não merecida. Um homem forçado a aceitar caridade dos outros "come" o pão da vergonha porque ele tem um profundo desejo de ganhar o dinheiro necessário para comprar o seu próprio pão. Ele anseia desesperadamente por estar em uma situação em que possa alimentar e sustentar a si mesmo, sem depender da generosidade de outros. O "pão da vergonha" abala o seu sentido de valorização, o seu valor próprio, de ser capaz de contribuir com este mundo.

Na Constelação Sistêmica, criada por Bert Hellinger, o filósofo e psicoterapeuta apresenta a chamada Lei do Equilíbrio de Troca, ou lei do equilíbrio de dar e receber.

Se você já ajudou várias pessoas e percebeu que a pessoa, depois da sua ajuda, passou a te tratar de forma diferente, te frustrando ou magoando de alguma forma, talvez você tenha despertado o "desequilíbrio" de troca e, talvez por isso, essas mesmas pessoas tenham se afastado da sua vida.

Em qualquer relação existe carinho, cuidado, dinheiro, tempo, atenção e tolerância. Porém, se alguém estiver dando em excesso, sem ter equilíbrio de troca, em algum momento a relação irá estremecer e acabará se rompendo.

Quando queremos dar em excesso a alguém, e o outro recebe mais do que "pode" ou "quer" receber, ou quando fazemos coisas que o outro poderia e deveria fazer por si mesmo, acabamos, sem perceber, causando incômodo e desarmonia.

Geralmente também fazemos isso porque temos uma intenção consciente ou inconsciente de sermos amados, aceitos ou reconhecidos. É a necessidade de alimentarmos a nossa autoestima. Infelizmente, o reconhecimento desejado não acontece, e acreditamos que o outro é ingrato, ou seja, responsabilizamos o outro por nossos excessos.

Só que quem deu em excesso é que é o responsável pela sua atitude, porque acabou desrespeitando o outro na sua dignidade.

Dentro do contexto de vida exponencial, o altruísmo sustentável vem através da consciência sobre como fazer a caridade e praticar o altruísmo, sem despertar o desequilíbrio de troca nas pessoas que você está ajudando.

Você também pode utilizar esse aprendizado para qualquer outra área da sua vida: seus relacionamentos afetivos, familiares, profissionais e sociais.

A única exceção dessa lei universal é na relação entre pais e filhos, nas quais o natural é que os pais deem mais para os filhos. Mas, se os filhos derem em excesso para os pais, também pode haver um desequilíbrio de troca, de acordo com Bert Hellinger. Agora, cada caso é um caso e o bom senso deve prevalecer sempre.

O mais importante é que você agora conhece essa lei universal, que governa os sistemas das nossas relações pessoais, profissionais e sociais, podendo utilizá-la tanto a seu favor, como também em benefício do próximo.

**DESAFIO**
*Doando com consciência*
Como o outro percebe este "receber"? Como essa pessoa irá se sentir?
O que predomina é gratidão, obrigação de receber ou ele sente que você tem a obrigação de dar?
Existe equilíbrio de troca?
Como você pode equilibrar essa relação?

Uma das maneiras de se preparar para praticar o altruísmo sustentável é começar cuidando de si mesmo, em primeiro lugar. Sei que isso pode parecer ser egoísta, numa primeira leitura, mas isso é simplesmente prezar por sua própria existência e evolução humana.

Altruísmo também tem a ver com automaestria, já que se colocar em primeiro lugar, sem se sentir culpado por ser egoísta, e ter compaixão em relação a todos são elementos para se tornar o seu próprio mestre.

> *Cuidar de si mesmo, ser a sua prioridade número 1, é a premissa principal para se praticar o altruísmo consciente e sustentável.*

Ao salva-vidas é ensinado que, no caso de um resgate de uma pessoa inconsciente no mar agitado, e indo contra as pedras, ele deve colocar a pessoa que está sendo resgatada entre ele e as pedras, de forma que ele se mantenha vivo. Essa é a única maneira de poder ajudar o outro.

O mesmo vale no caso de um acidente de avião. No caso de uma descompressão, é orientado que todos coloquem as máscaras primeiro em si mesmos, para depois colocar na pessoa que não tem condição de se ajudar sozinho.

O princípio é o mesmo: para ajudar alguém, é preciso pensar em primeiro si, para depois pensar no outro. É aprender a se honrar, colocando-se em primeiro lugar, sem se sentir culpado por ser egoísta. Colocar-se em primeiro lugar e ter compaixão em relação a todos é ter maestria.

**DESAFIO**
*Hackeando o seu altruísmo atual*
Você está abrindo mão de alguma coisa importante para você para ajudar o outro? Se sim, o quê?
Qual o equilíbrio de troca existente nessa ação?

Esse é o primeiro princípio do altruísmo sustentável. Esteja no seu melhor, não abra mão do que é importante para você para "parecer ser do bem" para o outro.

Lógico que o bom senso deve imperar. O objetivo aqui é entender que você é o único responsável pela sua vida. Da mesma forma que o outro é o responsável pela vida dele, e que tudo são consequências de escolhas, suas e dos outros.

Lembre-se de que melhor maneira de ajudar o outro é você se tornando um exemplo a ser seguido. Mostrar ao outro como você cuida de si mesmo é a melhor maneira de ele aprender como fazer isso com ele mesmo. Isso é especialmente importante dentro das relações familiares.

Honre a sua história, você tem investido na sua evolução. Você está aqui. Honre os passos que você deu até aqui. Mantenha a sua estrutura conquistada com esforço.

Agora, se você está pronto para ir para o seu próximo nível, e entende que está na hora de praticar o altruísmo sustentável, pense nas contribuições, em como você pode impactar positivamente as pessoas ao seu redor, como você pode servir, contribuir, vivendo o seu propósito.

Pense desde as pequenas coisas, no dia a dia, no ato de gentileza, em como você pode contribuir com os conhecimentos que você já possui, ou com o que você gosta de fazer.

Você é um administrador? Sabe organizar uma empresa? Então, você pode ensinar uma pessoa a liderar? Pode dar aulas ou se colocar no papel de mentor.

Você sabe cantar? Então, você pode participar de shows, inclusive beneficentes.

Você é um *headhunter*? Então você pode ajudar pessoas a aprenderem a como se recolocar profissionalmente, ou como se preparar para uma entrevista.

Existem várias formas, e não existe uma única forma certa. Existe a forma que você pode fazer, fazendo o seu melhor. E contribuir é simples assim. Existem outras formas, é lógico, mas a pergunta aqui é: como você pode contribuir, com o que você já tem, já sabe e já conhece?

Praticar o altruísmo sustentável é saber encontrar o ponto de equilíbrio de cuidar de si em primeiro lugar, e dos outros, dentro da abundância, ou seja, respeitando a Lei do Equilíbrio de Troca, para manter a dignidade humana sempre preservada. Ao praticar o altruísmo sustentável, você será capaz de dedicar a sua atenção ao outro de forma plena, com mais potencial para gerar resultados reais e exponenciais.

# CONSIDERAÇÕES FINAIS

*"Cada sonho que você deixa para trás é um pedaço do seu futuro que deixa de existir."*
Steve Jobs

# O Futuro é Exponencial

O mundo que vemos hoje com certeza não será o mesmo nos próximos 5 ou 10 anos. E quando pensamos na evolução do ser humano, a primeira percepção é de que, para sobrevivermos à nova situação, precisaremos nos adaptar ao novo contexto mundial.

Ser exponencial é, portanto, impactar o mundo, transformando o significado do que é viver com consciência. Para isso é preciso usar a nossa imaginação, visualizando o mundo em que desejamos viver e que queremos deixar para as futuras gerações. Afinal, tudo começa na nossa mente, no que criamos com os nossos pensamentos.

> *"A melhor maneira de prever o seu futuro é construí-lo."*
> Peter Drucker

As parábolas têm sido utilizadas há milhares de anos para nos ajudar a passar histórias e mensagens, por isso, vou contar a história de BX. Ele é um ser humano que vive em um tempo futuro indeterminado, num lugar onde a expansão de consciência foi disseminada e é uma realidade para a maioria dos seres humanos, habitantes do planeta Terra.

BX é um ser exponencial, que expandiu a sua consciência e tem trabalhado no seu desenvolvimento e evolução pessoal. Ele vive uma vida em conexão com a sua essência, ouve e segue a sua intuição, porque isso faz parte da sua verdade e da sua realidade.

A premissa maior, o grande paradigma, em que BX está inserido, é de que a conexão com a sua própria essência e a presença no momento "aqui e agora" são uma constante em sua vida exponencial. Com isso, existe uma percepção completamente diferente do mundo ao seu redor.

A forma como BX se conecta consigo mesmo, com o outro e com a espiritualidade e o divino, torna a forma de viver, evoluir e vencer completamente diferente da vida linear, que muitos ainda vivem hoje.

A história de BX começa daqui a algumas décadas, quando vários paradigmas que conhecemos hoje já não existem mais. BX acredita que todas as coisas fluem e acontecem a partir dele, e da conexão que ele possui com a sua própria essência e verdade.

BX sempre foi estimulado a aprimorar as suas habilidades, seus dons e, neste processo, percebeu que algumas das suas habilidades traziam maior realização e empolgação. Até mesmo o esforço para aperfeiçoar as suas habilidades não era tão pesado, já que gostava muito de tudo o que fazia, e a vontade de ser melhor nessas habilidades tornava o esforço uma diversão, algo que era percebido como um estímulo, e não como uma barreira.

A sua empolgação e entusiasmo interior era muito mais forte do que qualquer esforço ou medo. Aliás, medo é um sentimento que BX praticamente não sente no seu dia a dia, da forma que conhecemos hoje.

O medo para ele é um sentimento facilmente visto como um estímulo e um motivador a mais, porque ele aprendeu a lidar com o medo de uma forma positiva, sendo um impulsionador para superar os seus limites.

Ele transformou o medo no seu amigo na jornada de evolução consciente. Ele aprendeu que o medo é algo que pode ser dimensionado, que ajuda a trazer maior clareza para pontos que talvez antes não tivesse percebido e que o ajuda a se antecipar e mitigar os possíveis elementos de autossabotagem.

BX também sabe que a automaestria é algo para ser aperfeiçoado a cada dia, e que o verdadeiro mestre de si mesmo é um eterno aprendiz.

E por falar em mestre, ele nunca precisou buscar ajuda, informações ou respostas em uma fonte externa maior. As bênçãos para BX são alcançadas por ele mesmo, porque ele acredita que a divindade está em si mesmo, por ser uma centelha divina, e que, portanto, ele possui um "Deus Interior".

BX sabe que não precisa de intermediários para fazer a sua conexão divina. Porque ele também tem a consciência de que quando envolve um intermediário, ele automaticamente está adquirindo outros contextos kármicos, que não tinham a ver com o carma dele inicialmente, e que isso impactará diretamente a sua jornada de evolução.

Para acelerar o seu processo de evolução e sair da Roda da Samsara, BX sabe que precisa aprender a fazer as suas escolhas e decisões por si mesmo, sem ser influenciado e nem ter o seu destino impactado por *Karmas* ou interferências psíquicas que não são as suas exclusivamente. Para BX, a automaestria é a chave da sua autorrealização genuína e duradoura, que traz a verdadeira plenitude e o sucesso na vida.

Desde cedo, aprendeu que a conexão com a sua essência e o seu coração é a base para estabelecer a sua conexão maior com o outro ser humano e com o Universo. Por isso, BX confia e segue a sua intuição e os seus insights, se permitindo entregar-se ao TAO e fluir dentro dos acontecimentos da sua vida, aceitando os fatos e agindo na transcendência. O processo de iluminação e ascensão é algo possível a qualquer ser humano que se escolha essa jornada maior.

Sabe que manter a sua mente aberta, consciente e presente, para assimilar mais rapidamente os novos conhecimentos, aprendizados e, com isso, ampliar a sua percepção de realidade, o ajuda a acelerar o seu processo de evolução pessoal. Dominar o seu processo de transformação pessoal é algo natural para BX, porque entende que esse é o combustível do seu poder pessoal, que precisa ser nutrido e que também permite praticar o seu altruísmo sustentável dentro da sua abundância interior e exterior.

## Um dia no futuro de um ser exponencial

BX acorda todos os dias pela manhã e, antes de levantar da sua cama, se senta e faz uma meditação de 5 minutos, com gratidão, afirmação e visualização. Agradece por mais esse dia e por todas as coisas boas que estão diante dele, isso já visualizando a coisa mais importante que ele irá fazer nesse dia já tendo sido feita do jeito que ele quer que aconteça. BX vê o resultado antes de começar o seu dia.

Abre a janela do quarto, para tomar alguns minutinhos de sol, enquanto anota as lembranças dos sonhos, ou algum outro *insight* durante essa primeira meditação do dia.

Ao levantar da cama, faz uma série de exercícios rápidos, que leva não mais do que 15 minutos. Então vai para o banheiro fazer a sua higiene pessoal e, quando se olha no espelho, sorri. No banho, sente a água caindo pelo seu corpo como se fosse uma limpeza e energização para o seu dia.

No final, desliga a água quente e mantém somente a água fria por mais 30 segundos, o suficiente para trazer maior presença para o aqui e agora, além de condicionar a sua mente para ter maior resiliência e perseverança, e trazer o comando da sua mente para si mesmo.

A primeira coisa que ingere ao se levantar é água com limão e sal do *Himalaya*, para manter o seu organismo alcalino, fortalecendo o seu sistema imunológico, combinando com os seus nootrópicos para potencializar as suas funções cognitivas, energia e longevidade.

Aproveita para ouvir um podcast, *audiobook* ou Youtube, enquanto prepara o seu *keto coffee* ou *bulletproof coffee*, que é o seu combustível matutino para ter maior energia e disposição. Termina de se arrumar e, antes de sair para o trabalho, faz mais uma meditação de preparação para entrar em flow transcendental, focando nas suas principais motivações do dia, no impacto que irá gerar, visualizando a sua meta maior de vida e a meta maior do seu dia.

Para entrar em ação no *flow*, BX revisa se a sua mente está inabalável e, ao perceber certa preocupação, senta para fazer a sua escrita consciente, até sentir que a sua mente ficou inabalável.

Traz mais uma vez a visualização da sua meta e, por último, faz a respiração exponencial, que é a respiração do infinito. Essa prática tem como centro o seu coração, que é o centro do símbolo do infinito e que, na inspiração, sobe do seu coração passando atrás da sua cabeça, fazendo uma curva e passando na frente do seu rosto, voltando para o seu coração e descendo na expiração, passando pelas suas costas e fazendo uma curva, voltando e passando pela sua barriga até voltar ao seu coração. Dessa forma, a sua respiração faz o símbolo do 8, ou o infinito, fortalecendo a conexão com a sua essência e expandindo para a conexão com todo o Universo.

Terminando de fazer os 12 ciclos dessa respiração, ele fixa novamente a sua grande visão da sua meta de vida, se concentrando nessa imagem mais alguns minutos. Nesse momento, já tendo ativado o seu estado alfa, vai para o trabalho.

> **Nota:** as práticas de meditação, respiração e *flow* transcendental são incorporadas no ritual exponencial do BX, como uma forma de nutrir e transformar corpo, mente, emoções e espírito. Os rituais são as ferramentas práticas, para dominar a sua transformação pessoal.

Indo para o trabalho, ele aprecia a beleza do caminho e ouve mais algumas mensagens inspiradoras. Ativa a sua intuição se questionando: "O que eu preciso saber para fazer o meu dia ser melhor hoje?".

Chegando ao escritório, começa a trabalhar. Em seguida é chamado pelo chefe para uma reunião, que não havia sido programada. Existe um confrontamento com o chefe, que eu vou generalizar aqui, por algumas das possíveis possibilidades: "Você está atrasado de novo", "O relatório que você mandou está errado, precisa ajustar agora", "Você terá que trabalhar novamente este final de semana", "Você não será promovido este ano" ou "Estamos considerando a eliminação do seu cargo na empresa; se não conseguir recolocação interna, teremos que despedir você".

Após essa reunião com o chefe, BX sai do escritório, senta à sua mesa e um primeiro sentimento de medo, confusão e preocupação surge em sua mente. O que será que vai acontecer? Será que vou perder o emprego? E o que vou falar para minha esposa? Como isso impacta a minha grande meta de vida? Qual é o grande presente que essa mudança está trazendo para a minha vida?

Rapidamente BX se conecta novamente ao seu "estado alfa", fazendo 3 respirações profundas, e repensa sobre o que acabou de acontecer. Agora, depois da surpresa da notícia, ele constata que existe uma mudança iminente, que será para o bem mais elevado dele, apesar de não ter claro como isso acontecerá na sua vida, e fica feliz.

> **Nota:** BX não criou um "drama" em sua mente com o que aconteceu. A confiança na conexão maior dele com o Universo transcende o contexto momentâneo, afinal, ele está conectado à jornada maior, está vendo o todo e não somente a situação atual, que é temporária. Ele saiu do contexto de medo e se reconectou com a energia do amor.

No mesmo dia, à tarde, BX fica sabendo que um colega do trabalho havia sido promovido para o cargo a que ele tinha se candidatado. Fica muito feliz e parabeniza o amigo.

Independentemente do contexto temporário de BX, ele conseguiu não se identificar com a situação que estava acontecendo com ele, transcendendo e acreditando que a solução divina, com o que era para o bem mais elevado dele, já estava em curso. Com isso, manteve a sua integridade e dignidade para continuar pensando e agindo com clareza e discernimento.

Agora está na hora de BX voltar para casa e, entrando no carro, ele tem a sensação de que está esquecendo de alguma coisa. Faz uma pausa para pensar e consegue lembrar que é o dia do jantar de aniversário da sua esposa querida, e que ele havia esquecido de passar para pegar o presente, que ele havia encomendado com tanto carinho.

Ele já está atrasado, mas o dia é especial, e quer dar o seu melhor para a sua grande companheira na jornada da vida exponencial. Então, vai até o shopping pegar o presente e, chegando lá, tem uma vontade muito forte de ir à livraria, mas sem ter certeza do que ele estava indo procurar. Apesar de estar atrasado, decide passar rapidamente por lá.

Chegando à livraria, se encontra com um grande amigo, que havia trabalhado com ele alguns anos atrás. Esse mesmo amigo diz que foi muito bom encontrá-lo, já que estava buscando uma pessoa que tinha exatamente o perfil do BX. Eles combinam de conversar na mesma semana sobre a oportunidade.

> **Nota:** somente estando 100% presente no momento "aqui e agora", é possível perceber quando a sua voz interior fala alguma coisa para você.

BX ouviu a sua intuição e, mesmo sem entender inicialmente qual a razão de ir até a livraria, decidiu ir da mesma forma. Assim, através do seu antigo colega, começou a ver uma outra possibilidade, outra perspectiva em relação à sua nova etapa. Sabe que o novo realmente é iminente, mas não deve se apegar às expectativas dos resultados futuros. Se sentiu mais confiante e feliz.

Chegando à sua casa, ficou feliz pelo jantar especial que a sua companheira havia preparado, e mais ainda pela alegria de saber que algo melhor estava por vir.

Antes de ir se deitar, prepara todas as roupas, documentos e equipamentos que precisará no dia seguinte. Toma um banho relaxante e visualiza todas as preocupações, medos e dúvidas serem limpos da sua mente e das suas emoções. Revisa o que precisa fazer no próximo dia, o que é importante, urgente e as prioridades.

Faz uma autorreflexão de como foi o seu dia, visualizando a sua grande meta de vida, agora colocando mais brilho, porque sabe que algo novo e melhor está sendo incluído na sua nova etapa, que está prestes a começar.

Faz a meditação, as respirações profundas e do infinito, expande a criação da sua grande meta de vida com propósito na sua pirâmide pessoal e agradece mais uma vez pelo dia incrível que teve.

Agradece pelas células do corpo que estão mais rejuvenescidas a cada dia. Agradece por ter mantido as doenças distantes, já que não se envolveu nem em sofrimento, nem em drama. Agradece pela renovação na sua vida que está a caminho e por todos os benefícios que essa renovação irá trazer não somente para ele, mas para todos os envolvidos. Agradece mais uma vez pela sua companheira fazer parte da sua vida. BX adormece, feliz com esse dia e com o próximo que está por vir.

Ser exponencial é viver em conexão com você mesmo, com a sua essência e o seu coração. A conexão com o outro e com o mundo surge de uma maneira muito mais sincera e autêntica, porque a base é verdadeira.

Na vida exponencial, nos adaptamos facilmente, porque estamos constantemente no TAO, seguindo o fluxo em transcendência. Com um único comprometimento que é estar vivendo a sua vida dentro do seu melhor, que você pode ser e dar ao mundo.

Por isso, é mais fácil ser flexível, versátil e ter certa dose de resiliência, perseverança e autodisciplina. Precisamos também manter a mente aberta, ter flexibilidade em momentos de ambiguidade, ser acessíveis, otimistas e com foco na evolução, utilizando os nossos próprios erros como elementos de aprendizado e poder.

## As atitudes mais valorizadas no futuro

Tudo isso nos ajuda no caminho da evolução. No entanto, a forma como você pensa para se adaptar tem um elemento muito sutil, que é o pensar grande.

Não ter limitação ou medo é a base de tudo. Sonhar, e sonhar grande, é o primeiro passo. Desejar, expandir a ideia, planejar e dar passos pequenos, porém consistentes, em direção à meta de realização maior.

Evite sempre procrastinação, medo de mudança, pensamentos somente a curto prazo, desculpas, focar em coisas menores sem importância para a meta maior e buscar a perfeição.

Estimule o surgimento das grandes ideias, pense alguns passos à frente, foque em soluções e tenha coragem, entusiasmo, otimismo, autorresponsabilidade, persistência, perseverança, resiliência, disciplina, determinação, garra e paixão.

Desenvolva novas habilidades, crie processos, assuma riscos calculados, dedique um tempo para fazer um bom planejamento, pensando grande e começando pequeno, e foque nas atividades mais importantes e impactantes.

As principais atitudes de quem segue a jornada de evolução, ascensão e realização:

1. São os seus próprios mestres e os criadores do próprio destino;
2. São comprometidos com a vida que escolheram viver e com quem querem se tornar, assumindo a responsabilidade pela sua vida em todos os pilares;
3. Questionam o status quo;

4. Assumem a responsabilidade por si mesmos e pela sua vida, sem se culpar ou se sentirem vítimas, afinal, ninguém te magoa, é você que se deixa magoar; ninguém te ofende, você que se deixa ofender;
5. Deixam de ter expectativas em relação aos outros, porque entendem que ninguém nasceu para agradá-los ou fazer o que eles querem para que se sintam bem. A expectativa com o outro não existe, o jogo da vida é de você com você mesmo;
6. Não aceitam paradigmas que não estejam alinhados com a sua verdade interior;
7. Se sentem diferentes das outras pessoas, mas sabem que não são melhores que os outros. Sabem que possuem uma responsabilidade maior, pois fazem parte da mudança que querem ver no mundo;
8. Sabem que a gratidão é o sentimento mais poderoso que existe, e que esse sentimento possui vibração altíssima, capaz de transmutar todos os sofrimentos existentes em cura;
9. Sabem ativar o *flow* transcendental e se conectar com a sua essência para "entrar em ação", atuando no seu "estado da arte" de forma consciente e plena;
10. Se sentem mais confortáveis consigo mesmos, e isso inclui autoconfiança e autoaceitação;
11. Reconhecem os seus potenciais e os ativam de forma consciente exponencial, trabalhando para se aperfeiçoar contínua e constantemente;
12. Vivem intensamente suas vidas com propósito, paixão e realização, e não aceitam mais o antigo modo de "sobreviver";
13. Escolhem e constroem relacionamentos exponenciais, saudáveis e profundos, que agregam e geram valor tanto no curto como no longo prazo;
14. Querem ser a causa e não o efeito, são líderes, não seguidores;
15. Preferem sair da zona de conforto em vez de continuarem presos a velhos padrões;

16. Querem fazer acontecer e agir assertivamente, por isso, são movidos pelo propósito;
17. Não querem viver num mundo de acúmulo de coisas, e ficar eternamente com medos dos amanhãs, então são minimalistas;
18. Querem compartilhar e contribuir, competir não faz mais sentido;
19. Não buscam a felicidade porque sabem que quem busca na verdade está assumindo para si que é uma pessoa infeliz. Sabem que a felicidade verdadeira está no agora e se chama gratidão;
20. Têm consciência da sua própria divindade e, portanto, sabem que podem ter uma ligação direta com Deus ou o Universo, sem intermediários;
21. Sabem da importância de se conectar com seu anjo da guarda, guias e mentores, e fazem isso através da ligação direta estabelecida com eles;
22. Querem retribuir o bem às pessoas e ao mundo, e não somente receber;
23. Sabem que a paciência é a prática de paz de espírito com consciência;
24. Trabalham com convicção e perseverança, o famoso "*hardworking*", para realizarem tudo que desejam;
25. Posicionam-se perante as dificuldades sem vitimismo, focando e potencializando a solução sempre;
26. Sabem que podem criar a realidade a partir das suas intenções. Desejam sinceramente com clareza, potência e intensidade;
27. Não reclamam, porque sabem que a vida nos dá infinitas razões para sermos gratos;
28. Escolhem valorizar mais as pessoas do que as coisas, porque sabem que as coisas têm preço, enquanto o amor e as amizades têm valor;
29. Trocam o sentimento de inveja pelo da admiração, porque têm confiança de que, se quiserem, também conseguirão;

30. Encontraram a divindade dentro de si mesmos, por isso não precisam mais de intermediários para se conectar com a Fonte do Tudo Que É;
31. Entendem que "todos nós somos um", que a visão de si, do outro e do mundo está na transcendência e que, como seres completos, integramos as nossas perfeitas imperfeições. Com essa consciência, entendem que ninguém é melhor ou pior, mais ou menos, cada um é o que pode ser, dentro do seu próprio caminho de evolução;
32. Vivem uma vida apaixonante, cheia de energia, alegria e abundância;
33. Querem e acreditam em um mundo melhor!

# Habilidades do Futuro

Você já percebeu como todas essas mudanças estão impactando você e seu dia a dia?

A forma de viver e consumir está mudando exponencialmente. Antigamente, éramos educados para comprar casa, carro, etc. Essa foi a educação que recebi. Agora, essa nova geração, a *Millenials*, não tem planos de ter casa, nem de ter carro.

A primeira consequência clara é uma queda no consumo de produtos e um aumento no consumo de serviços. Está diminuindo a necessidade de TER e aumentando a necessidade de SER.

O reflexo disso na disrupção do ser humano é que está crescendo exponencialmente a ideia de viver, ter experiências, se conhecer, querer evoluir como pessoa, ser a melhor versão de si, fazer ou trabalhar com algo que tenha um propósito maior, uma visão de contribuição.

O segundo ponto diz respeito à forma de trabalhar. Por consequência da economia compartilhada, o trabalho não é mais baseado em competição, e sim baseado em colaboração!

Aqui entra o conceito de Topologia de Rede, de Paul Barman, que tem sido utilizado para explicar as mudanças no mundo em que estamos vivendo.

CENTRALIZADO — A
DESCENTRALIZADO — B
DISTRIBUÍDO — B

No primeiro diagrama, vemos um exemplo de como funcionava a monarquia, onde todos os pontos necessariamente estão conectados a um único ponto, no modelo centralizado.

No segundo diagrama, vemos um exemplo que representa as indústrias e grande parte das corporações, onde o que prevalece é o modelo descentralizado, ou departamental.

O terceiro diagrama é o modelo no qual estamos entrando na nova era, quando todos os pontos podem se falar. Os relacionamentos de hierarquia, existentes no modelo descentralizado acima, não existem mais. Agora todos têm o mesmo poder e autonomia para fazer negócios entre si. É o conceito de *peer-to-peer* (interação entre parceiros), esse é o modelo distribuído.

Nesses três modelos de interação, podemos ver uma evolução muito grande. E como isso impacta o seu mundo profissional?

Impactará a sua necessidade de aprender novas habilidades. As tecnologias de internet para celular e nuvem já estão impactando a forma como trabalhamos. E mesmo outras tecnologias, como impressoras 3D, inteligência artificial e nanotecnologia estão ganhando forma e crescendo exponencialmente.

As mudanças não vão esperar por nós. Precisamos tomar a iniciativa de avaliar todo o contexto de vida que queremos para o futuro e tentar antecipar quais habilidades humanas serão mais importantes dentro do contexto profissional.

As habilidades mais humanas, que estão em ascensão de acordo com o *World Economic Forum*, divulgadas no relatório "*The Future of Jobs*", são:

**TOP 10 Habilidades em 2020**

1. Resolver problemas complexos
2. Pensamento crítico
3. Criatividade
4. Gerenciamento de pessoas
5. Coordenação com outras pessoas
6. Inteligência emocional
7. Julgamentos e tomada de decisão
8. Orientação à serviços
9. Negociação
10. Flexibilidade Cognitiva

Nesse mesmo estudo, eles acreditam que, até o final de 2020, 35% das habilidades consideradas importantes hoje já terão sido substituídas. Podemos prever empregos absorvidos pela tecnologia, mas não conseguimos prever quais empregos irão surgir a partir dela. Acredito fortemente que cada vez mais seremos "forçados" a fazer o que queremos, e as dicas deste livro vão te colocar no seu próximo nível rapidamente.

Nossa capacidade de criar, sonhar e pensar "fora da caixa" ou fora dos padrões já conhecidos ou possíveis de serem mapeados será cada vez mais nosso diferencial. Outro grande diferencial na minha visão são os valores morais com viés altruísta, o senso de contribuição para o nosso bem e o bem maior de todos.

Cada vez mais, a interação entre as pessoas será diferente. Estamos saindo de um tipo de interação de codependência para uma interação de interdependência. Estamos caminhando para vivermos parcerias com maior lastro em confiança e valores morais e altruístas, que estão diretamente associados a isso.

Como esses valores podem ser utilizados na prática, para serem o nosso diferencial como seres humanos?

Vou dar um exemplo simples. Dentro de uma programação, é preciso ter cuidado ao tratar com informações que possam causar desconfiança, separação ou divisões. Exemplos são as informações relacionadas a racismo, intolerância religiosa, discriminação de classe, preconceito de gêneros, extremismo territorial, etc.

Ressaltando, nosso diferencial como seres humanos é utilizar nossos valores morais com viés altruísta. Esse é o nosso diferencial, algo que a máquina ainda não consegue fazer. Então, que tal aperfeiçoá-lo?

## *Skills-as-a-service*

O conceito de *Skills-as-a-Service* é algo que está surgindo de uma forma lenta, porém, algo com grande potencial para trazer uma grande disrupção no mercado de trabalho do futuro. Entender essa tendência hoje te traz a possibilidade de se preparar para esse novo contexto. Até 2020, mais de 40% da força de trabalho americana será de *freelancers*, conforme relatório da *Citrix Technology Office* de 2015, chamado "2020 Technology Landscape". E isso, se confirmando, é um grande sinalizador da nova tendência profissional mundial.

A partir do momento em que você conhece suas habilidades e as oferece como serviço, a necessidade de ter um "emprego fixo", será considerada um conceito ultrapassado, porque o novo foco será oferecer as suas habilidades como serviço, fazendo trabalhos por "projetos". Essa nova tendência tem começado de forma discreta nos *coworking*, onde muitos jovens trabalham como *freelancers*, fazendo trabalhos pontuais, porém mais alinhados com o que eles gostam e querem fazer.

Junto com este movimento, vemos o aumento de empresas dentro do conceito de economia compartilhada, como Uber e Airbnb, nas quais a base é estruturada dentro do modelo de serviços, e não mais de produtos.

O conceito de economia compartilhada, do inglês *sharing economy*, é a prática de compartilhar o uso ou a compra de serviços, aumentando o acesso a bens e serviços, facilitado principalmente por aplicativos que possibilitam uma maior interação entre as pessoas.

Estudos relacionados à forma de consumir da geração millenium já mostram um aumento crescente em querer consumir mais serviços, e não mais produtos. Isso vale tanto para coisas pequenas do dia a dia, como não querer mais comprar a furadeira, e sim o furo na parede, como na opção de não comprar casa ou carro, e sim alugar, pelo prazo e no local desejado.

Hoje, as pessoas da geração millenium são as pioneiras em incentivar o mercado a ir para a indústria digital e, portanto, é uma questão de tempo para todos começarem a "surfar essa onda".

E como tudo isso irá impactar você e sua profissão?

Muito provavelmente, da mesma forma que iremos consumir os produtos pelo modelo de serviços, iremos, da mesma forma, oferecer nossas habilidades como serviço, que é o que chamo de *Skills-as-a-Service*.

As *Skills-as-a-Service* serão as habilidades mais fortes, que serão oferecidas como serviços. Grande parte da nova geração já traz essa nova mentalidade, indicando uma tendência a trabalhar por projetos, e não mais ter a necessidade de empregos fixos ou estáveis.

A nova tendência é ter um *mindset* de empreendedor, colocando em prática a criatividade, agilidade de aprendizado e a atitude de dono de negócio para encontrar alternativas para contornar obstáculos.

Possuir um *brand* pessoal e profissional encontrável nas mídias sociais, e que seja favorável, também será uma necessidade do futuro e é uma demanda que tende a crescer.

A geração que já está há mais de 10 anos no mercado de trabalho é a que tem sentido maior incerteza frente ao novo contexto tecnológico mundial.

Os empregos do futuro serão adaptados às nossas habilidades únicas, e não mais no contexto de nos adaptarmos para executar o trabalho "de caixinha" do mundo atual.

Você pode perguntar: quando isso vai acontecer? E te digo: já está acontecendo.

As pessoas já estão se reinventando. Descobrindo do que gostam e colocando suas habilidades no mundo, como serviço. O marketing digital tem sido a melhor ferramenta para espalhar a mensagem pelo mundo, independentemente da profissão, idade, área e local de atuação.

Para identificar suas habilidades possíveis de transformar em serviços, é preciso perceber quais atividades você faz com muita facilidade e tem um alto nível de qualidade e produtividade, maior que a média das pessoas.

Estar preparado para a nova tendência mundial é crucial neste momento. É muito difícil prever como estará o mundo daqui a 3-5 anos. Imagine então em 2030, quando mais de 85% das profissões que conhecemos hoje não existirem, de acordo com o estudo da parceria entre Dell e IFTF (*Institute for the Future*), "*The next era of human machine partnerships, Emerging Technologies Impact on Society & Work in 2030*".

Se conheça, se reinvente. Saiba o que você realmente ama fazer e pense em qual seria sua vida ideal fazendo tudo o que gosta.

# E o que vem depois?

É um momento incrível para estar vivo no Planeta Terra. Estamos experimentando uma expansão de consciência em nível coletivo, que está se acelerando muito rapidamente. A percepção da realidade como ela é está sendo exposta de maneiras nunca antes percebida.

Um novo paradigma está sendo construído pelas pessoas pioneiras que estão despertando a sua consciência, questionando o status quo e colocando em xeque o sistema antigo, no qual ainda estamos inseridos.

Muitos estão lutando para transformar o que já não funciona mais, muitos estão mostrando novos caminhos e novas maneiras de lidar e criar uma vida com maior significado e propósito, muitos outros estão semeando a visão do novo mundo, com mais amor, alegria, abundância e harmonia.

Todos nós estamos sendo uma parte ativa em todo este processo, com ou sem consciência. Os que já estão conscientes estão conseguindo direcionar as intenções, visões e ações para a realização do seu propósito e seu sucesso, alinhados com a sua essência e verdade interior. Podemos ser espiritualizados, bem-sucedidos e praticar o altruísmo sustentável, tudo ao mesmo tempo.

Não precisamos mais escolher. Podemos ser felizes, realizados, com energia e vitalidade, alcançando a abundância em todas as áreas da nossa vida. Essa é a premissa da vida exponencial.

**Ser exponencial** é uma escolha de viver uma jornada de vida com consciência.

**Autoconsciência, automaestria e autorrealização**, essa é a tríade mestra do poder pessoal da vida exponencial, inserida no **viver, evoluir e vencer**.

O *flow* **transcendental** é a ferramenta para te manter inabalável em ação, conquistando resultados exponenciais em todos os pilares da sua vida.

O **altruísmo sustentável** é o elemento para ter realizações exponenciais na sua vida.

Quanto maior o nível de sua evolução pessoal - que é um maior nível de consciência e desenvolvimento pessoal -, maior facilidade e graça você experimentará para manifestar a sua vida exponencial, expandindo cada vez mais a sua conexão interior, com o outro e com o mundo. E é assim que iremos construir um mundo melhor para todos nós, com maior cooperação, paz e prosperidade para toda a humanidade.

O futuro é **ser exponencial**.

E você, já está pronto para essa jornada?

# Próximos Passos

Estamos vivendo um momento único, tendo uma grande oportunidade de transformar o nosso contexto de vida, impulsionados pela mudança de consciência coletiva.

Os pioneiros serão os grandes desbravadores, rompendo vários paradigmas, porém serão os mesmos que serão agraciados com a recompensa de viver a sua vida com verdadeiro significado, orgulhosos com as pessoas íntegras e completas que se tornaram. O nosso mundo exterior é um reflexo do nosso mundo interior, o auto aperfeiçoamento pessoal com consciência é capaz de transformar a vida de qualquer pessoa.

Nesse contexto, ter acesso a vários conhecimentos relevantes sobre autoconsciência, automaestria e autorrealização é uma maneira de estudar para a vida.

Por isso estou apresentando alguns dos cursos da **Be Exponential Academy**, uma escola para a vida, com ensinamentos sobre como você pode tornar a sua uma **vida exponencial**.

Trata-se de tudo o que o sistema educacional tradicional não ensinou, para você ser bem-sucedido e ter grandes realizações em todas as áreas da vida.

Um novo curriculum de vida, para quem quer se tornar o seu próprio mestre, criador da sua realidade, acelerar a sua evolução, expandir a sua percepção de realidade, e impactar positivamente o maior número de pessoas através do altruísmo sustentável.

## Vida Exponencial, life10X

Um *roadmap* baseado nas três dimensões da vida exponencial: VIVER, EVOLUIR e VENCER! Para você hackear a sua vida, expandir a sua consciência, impulsionar o seu desenvolvimento pessoal, ativar os seus potenciais exponenciais e desenvolver a sua automaestria. E assim, ter grandes realizações em todos os pilares da sua vida e desenvolver o seu altruísmo sustentável, acelerando a sua evolução e se tornando exponencial.

## Missão Possível, o seu Projeto de Vida com Propósito

Um curso para expandir o entendimento do seu propósito e missão.

Você vai descobrir como ter clareza sobre o caminho a seguir, como ter sucesso financeiro fazendo o que gosta e como mudar a sua realidade por meio da sua missão possível, o seu projeto de vida com propósito.

## Navegando Transições

Um curso para navegar nas transições da vida. Lidar com as mudanças da vida, quer sejam elas planejadas ou forçadas, nos deixa inseguros e indecisos em relação ao caminho. Saber o que fazer para planejar da melhor maneira, pensando em todos os elementos para fazer uma transição bem-sucedida e duradoura, ajuda a trazer equilíbrio, tanto para você como para as pessoas que você convive. Isso inclui entender se é necessário mudar completamente de vida, ou simplesmente ressignificar a vida, ou uma parte dela. Neste curso, você aprenderá em que contextos é melhor ressignificar a sua vida, ou fazer uma mudança, sem traumas, e com harmonia e equilíbrio, se esse for o seu desejo.

Navegando Transições te ensinará a lidar da melhor maneira com as transições que a vida traz e com as que desejamos fazer por iniciativa própria, de forma saudável, equilibrada e harmônica.

Detalhes sobre todos os programas estão disponíveis em www.bxacademy.co

# Sobre a Autora

**Maristela Mello**

Especialista em alta performance, felicidade e evolução humana. O seu grande aprendizado foi entender que a vida é sobre se tornar o seu próprio mestre, criar a sua realidade para praticar o altruísmo de maneira consciente e sustentável. Acredita que, através da expansão de consciência, é possível transformar a vida de todos para melhor e assim mudar o mundo. Inspirada pela sua grande transformação, criou a **Be Exponential Academy**, que ensina como você pode tornar realidade o seu projeto de vida com propósito, se tornar o seu próprio mestre, expandir a sua consciência, ativar os seus potenciais exponenciais para ter grandes realizações e deixar o seu legado no mundo.

# Referências Bibliográficas

ACHOR, Shawn. O jeito Harvard de ser feliz. São Paulo: Saraiva, 2014.

BERG, Yehuda. O poder da Kabbalah. São Paulo; Kabbalah Centre do Brasil, 2011.

BIEBER, Guy; COHEN, Reuven; ROEMER, Kurt; CYCHOLL, Trenton; HYNE, Matt; KYARA-LOMER-CAMARENA; AOKI, Debora; CLAVETTE, Don. Estudo da Citrix Technology Office, "2020 Technology Landscape", 2015.

https://www.citrix.com/content/dam/citrix/en_us/documents/news/2020-technology-landscape.pdf

BRANDEN, Nathaniel. Autoestima e os seus seis pilares. São Paulo: Saraiva, 1998.

BRANSON, Richard. Business Stripped Bare: adventures of a Global Entrepreneur. Virgin Books, 2010.

BRAUN, Adam. The Promisse of a Pencil: how an Ordinary Person Can Creat Extrordinary Change. Scriber, 2014.

CHAMINE, Shirzad. Inteligência Positiva. Rio de Janeiro: Objetiva, 2013.

CHOPRA, Deepak. As sete leis espirituais do sucesso. Rio de Janeiro: Best Seller, 2009.

CHRISTAKIS, Nicholas; FOWLER, James. O poder das conexões. Rio de Janeiro: Campus, 2009.

COVEY, Stephen. Os sete hábitos das pessoas altamente eficazes. Rio de Janeiro: Best Seller, 2009.

CSIKSZENTMIHALYI, Mihaly. Flow: The Psycology of Happiness. Ebury Digital, 2013.

D'ANNA, Elio. A Escola dos Deuses. Barany Editora, 2007.

DIAMANDIS, Peter H.; KOTLER, Steven. Oportunidades Exponenciais. HSM do Brasil, 2016.

DWECK, Carol S. Mindset: The New Psychology of Success. Random House, 2007.

EKMAN, Paul. A linguagem das emoções. São Paulo: Leya Brasil, 2011.

ELROD, Hal. O Milagre da Manhã. Rio de Janeiro: Best Seller, 2016.

EMMONS, Robert. Agradeça e seja feliz! Rio de Janeiro: Best Seller, 2009.

GARDNER, Howard. Inteligências Múltiplas: A Teoria na Prática. Artmed, 1995.

GLADWELL, Malcolm. Fora de Série, Outliers: Descubra porque algumas pessoas têm sucesso e outras não. Rio de Janeiro: Sextante, 2008.

GOLEMAN, Daniel. O poder da inteligência emocional. Rio de Janeiro: Campus/Elsevier, 2002.

GRANT, Adam. Dar e Receber: uma abordagem revolucionária sobre o sucesso, generosidade e influência. Rio de Janeiro: Sextante, 2014.

GRANT, Adam. Originals: How Non-Conformists Move the World. Viking. 2016.

GUISE, Stephen. Mini Habits: Smaller Habits, bigger Results. Create Space, 2013.

HARARI, Yuval N. Homo Deus: Uma breve história do amanhã. Companhia das Letras, 2016.

HARNISH, Verne. Scaling Up: How a few companies Make It... and why the rest don't. Gazelles, 2014.

HOLLIS, James Ph.D. What Matters Most: Living a more considered life. Gotham Books, 2009.

HSIEH, Tony. Satisfação garantida: no caminho do lucro e da paixão. Rio de Janeiro, Thomas Nelson Brasil, 2013.

KOTLER, Steven; WHEAL, Jamie. Roubando o Fogo: a ciência por trás dos super-humanos. HSM, 2017.

LOGAN, Dave; KING, John; FISCHER-WRIGHT, Halle. Tribal Leadership: Leveraging Natural Groups to Build a Thriving Organization. Hasper Business, 2012.

ROBBINS, Anthony. Desperte seu Gigante Interior. Rio de Janeiro, Best Seller, 2016.

SCHWARTZ, Tony. The way we're working isn't working: The Four Forgotter Needs that Energize Great Performance. Free Press, 2010.

SELIGMAN, Martin E.P. Aprenda a ser otimista. Rio de Janeiro: Best Seller, 2005.

SELIGMAN, Martin E.P. Florescer: uma nova e visionária interpretação da felicidade e do bem-estar. Rio de Janeiro: Objetiva, 2012.

SERVAN-SCHREIBER, David. O stress, a ansiedade e a depressão sem medicamento nem psicanálise. São Paulo: Sá Editora, 2004.

SAMANS, Richard; DAVIS, Nicholas. Estudo do World Economic Forum, "Advancing Human-Centred Economic Progress in the Fourth Industrial Revolution", 2017.

http://www3.weforum.org/docs/WEF_Advancing_Human_Centred_Economic_Progress_WP_2017.pdf

Estudo da parceria entre Dell e IFTF (Institute for the Future), "The next era of human machine partnerships, Emerging Technologies Impact on Society & Work in 2030", 2017.

https://www.delltechnologies.com/content/dam/delltechnologies/assets/perspectives/2030/pdf/SR1940_IFTFforDellTechnologies_Human-Machine_070517_readerhigh-res.pdf

## Sobre a Casa do Escritor

A Casa do Escritor é uma consultoria que presta serviços e auxilia escritores no processo de autopublicação e divulgação de seus livros.

Saiba mais e conheça os livros lançados em
**casadoescritor.com.br**

www.casadoescritor.com.br

www.ingramcontent.com/pod-product-compliance
Lightning Source LLC
Chambersburg PA
CBHW031613210526
45464CB00004B/1564